I0191908

CAMINO,

CONCIENCIA

Y

PURIFICACIÓN

Autor
Jesús Salazar
V. M. Rafiel

© Todos los derechos reservados. Ninguna parte de este libro puede ser reproducida, almacenada en un sistema de información o transmitida de cualquier forma o por medio electrónico, fotocopia, grabación u otros métodos, sin previo aviso y expreso permiso del autor.

Jesús Salazar 2018
ISBN: 978-1-61887-441-2

ÍNDICE

Prólogo

Hace aproximadamente un año, escuchaba la palabra prólogo y me inquietaba, ya que sentía que había la posibilidad, aunque la veía muy lejana en el momento, de que algún día seria mi turno de escribir algún prólogo.

Comencé con una oración, minutos después tenía una página llena, ya que las palabras continuaban fluyendo y llegando a mi pensamiento sin parar. Supongo que ha esto le podemos llamar, emanación.

No hay palabras para describir lo feliz que me siento y honrada de estar en esta posición de escribir este prólogo y de haber tomado esa gran decisión de ser guiada por un gran Ser, mi gurú, el Venerable Maestro Rafiel, ya que todos los que nos encontramos en este camino consciente, necesitamos un guía que nos ilumine el camino pedregoso a través de los laberintos internos que llevamos.

Como bien nos explica en **Los Turistas Espirituales**, este no es un camino para turistas que crean que al vestirse de blanco y meditar ya se encuentran en el camino luminoso de regreso a casa. Si no somos guiados por un iluminado, jamás podremos salir del laberinto oscuro interno y de como bien dice el maestro, las lagunas espirituales. **El Camino** verdadero está lleno de buscadores y dirigentes que no pueden descifrar cual es el caminar que deben llevar y algunos sabiendo donde está el camino y como llegar a él, lo ven muy fuerte para su gusto personal o más bien, el del ego.

Aquí el maestro nos invita a no estancarnos con viejas creencias ni apegarnos a las enseñanzas de un maestro, una vez éste no se encuentre en el plano físico, ya que el conocimiento evoluciona y debemos continuar el camino para llegar a Dios.

En las obras anteriores el V. M. Rafiel nos ha llevado con gran luz a la comprensión de la Evolución, del cosmos, del camino, de la naturaleza, de lo que hay más allá, nos ha llevado la teoría a la práctica con un gran número de ellas en algunas de sus obras y a la comprensión superior de mucho, mucho más.

En esta bella obra aprenderemos sobre el ego que llevamos en nuestro interior entre otras cosas como lo es las **Consecuencias de un Defecto** donde el autor nos explica muy detalladamente algunas de las consecuencias de nuestros actos y defectos de algunas personas, no muy agradables, destructores de infancias y familias. Nos habla sobre la oscuridad tras estos defectos y la destrucción que dejan. Es por esto que debemos estar constantemente **Purificando Nuestras Actitudes.**

Con esta bella obra también prepararemos una bella cajita, de la forma y color que guste, donde guardaremos herramientas luminosas. ¿Para qué?, se preguntaran. Más adelante le contestare con gusto.

Aquí el autor Jesús Salazar, entre palabras con gran sabiduría y sutileza, plasma el verbo, la energía pura de ese grandioso Ser luminoso, nuestro maestro de poderoso y angelical nombre, Venerable Maestro Rafiel.

Nuestro amado maestro viene retumbando y evolucionando grabaciones psicológicas, conocimientos antiguos y creencias ya pasadas como lo que es **El Espíritu Santo.** En este capítulo el maestro profundiza sobre que es realmente el llamado espíritu santo, donde y que tan profundo se encuentra en el cosmos, evolucionando así las creencias antiguas y grabaciones de como bien dice el maestro, tendencias espirituales que creen que esos conocimientos son eternos y no evolucionan según la conciencia humana y su tiempo.

El autor nos lleva a través de esta obra, si se lo permitimos, abriendo nuestra comprensión humana a investigar, analizar y comprender sabidurías de alta conciencia, elevando nuestro nivel conscientivo, llevándonos con cada palabra por el verdadero camino separándonos así de la humanidad durmiente, haciéndonos brillar en alto dentro del valle de oscuridad y sufrimiento que tenemos a nuestro alrededor, en el que vivimos día a día sin detenernos para el análisis superior más allá de lo que nuestra mente nos presenta.

Para poder comprender mejor **Nuestra Mente,** el autor nos explica de una forma menos científica y más elevada, que es la mente, como se manifiesta y también nos habla sobre el pensamiento. Nos explica la relación de la mente con la psiquis y la influencia cósmica en ella.

Este conocimiento es muy importante, ya que ni siquiera los científicos comprenden a profundidad lo que es la mente, por lo que el autor nos explica claramente con gran sabiduría y lógica superior para elevarnos en esta comprensión, dándonos luz en este tema.

Entender y comprender no es lo mismo, es por esto que los invito a leer detalladamente esta bella obra, también abrir la comprensión para que la energía vibratoria de estas bellas palabras luminosas queden plasmadas en su interior, guiándolos a la comprensión superior de la energía negativa/densa que llevamos en nuestro interior.

Esta obra nos dará las herramientas correctas para luchar contra nosotros mismos, expulsando así lo negativo que se encuentra en nuestro interior profundo, para que brille nuestro real ser.

Verán que utilizo mucho la palabra "comprensión" es porque para mí, en lo personal, esta es la herramienta más importante y significativa en contra del ego, la energía negativa/densa y a favor de nuestro nivel conscientivo.

Todas estas herramientas luminosas, que debemos guardar muy bien en esa cajita en nuestro interior, el amadísimo y Venerable Maestro Rafiel nos las ha estado dando entre palabras a través de las diferentes obras que ha escrito. Ahí está toda herramienta para aquel que las quiera y para aquel que se adentre a la investigación.

Espero con el favor de la divinidad y de su Real Ser, que lleguen las palabras aquí compartidas y plasmadas por nuestro maestro a su conciencia e interior, que sean su guía y luz en el camino.

Zannia Cruz Saldaña

Biografía

Jesús Salazar es un ser humano dedicado a ayudar a la humanidad formando diferentes grupos espirituales a nivel internacional, impartiendo cientos de conferencias en P. R. y en otros países.

Sus trayectorias lo han llevado a obtener grandes niveles de conciencia ayudando a otros a escudriñar los misterios que encierra el camino de la alta espiritualidad superior. Sus enseñanzas han sido como escalones de luz para todos sus discípulos. Ha escrito 14 obras literarias con alto contenido de conocimiento divino.

Actualmente es fundador de la Confederación de Instituciones Internacionales, INCYS, en la actualidad sus enseñanzas cruzan los mares llegando así a elevar la conciencia de aquellos que pertenecen a esta confederación.

Su obediencia ante sus diferentes gurús fue como cátedra para el comportamiento de otros que seguían este camino y que por descuido espiritual se han descarrilado.

De quien hablamos es un ser muy especial y dedicado a elevar el nivel de conciencia de todos aquellos que a su confederación se acerquen.

Su dedicación a ayudar a la humanidad es firme, lo hace con la nobleza que le caracteriza su maestro interno, su misión la cumple con firmeza y con mucho amor hacia aquellos que andan en busca de un cambio radical dentro de la sociedad.

Ese es nuestro guía el V.M. Rafiel.

Nota de Agradecimiento

Es para mí un gran regocijo ver y apreciar cómo se dedicaron aquellos hermanos que trabajan incansablemente por la evolución de otros seres humanos y que por motivo de su avance han puesto todo su anhelo en esta obra titulada, **CAMINO, CONCIENCIA Y PURIFICACION.**

Muchas gracias a ese muy apreciado hermano Gerardo Colón Belgodere por solicitarme que escribiera una obra con todo ese contenido de enseñanza constructiva, que le servirá de mucho bien a los que verdaderamente buscan el camino de la Evolución. Por otro lado, mi agradecimiento a esa gran dama que nunca dice que no, siempre y cuando sea para trabajar por esta humanidad. Ella es un ser incansable en este camino; gracias Zannia Cruz Saldaña por tu hermoso prólogo y por esa gran aportación en esta obra que ha de elevar la conciencia de muchos seres que buscan un gran cambio de actitud y transformar su entorno, mil gracias.

A Vilmary Montañez Concepción, que muy desinteresadamente se dedicó a la corrección poniendo todo su empeño para que se acelerara con gran prontitud el lanzamiento de esta ilustre obra, muchas gracias. Que me dice de esa querida hermana, que usando todo su tiempo, trabajó incansablemente día tras día evadiendo todos los obstáculos que se presentaban en su camino, derrumbándolos con toda su sabiduría y su fuerza implacable contra la oscuridad, gracias María del Carmen Marrero Nieves, bendiciones para ti hermana.

No se puede quedar y con mucha reverencia le doy las gracias a mi grandioso Real Ser, el Venerable Maestro Rafiel que usando el bolígrafo divinal ha puesto su sabiduría en la conciencia del incansable bodhisattva, Jesús Salazar Fernández con su inagotable fuerza derrumbó innumerables obstáculos para obtener su iluminación interna y así elevar la conciencia de esta humanidad.

Gracias a todos.

V. M. Rafiel

La Profundidad de la Vida y su Origen a través de la Evolución

El ser humano es una forma de vida, de las tantas que existen en las profundidades de la Evolución, del existir y el palpitar de la vida. Vamos a hablar un poco profundo de lo que es el fluir de este espíritu que vibra a través de todo nuestro cuerpo y del conjunto de órganos que componen todos los movimientos de nuestro existir humano. Existen buenos investigadores espirituales que se dan a la tarea de escudriñar de donde viene el ser humano, muchos lo hacen por medio a la Evolución, otros por lo que es la sagrada escritura y a través de un sin número de medios.

Para llegar a comprender el origen de la vida, es necesario acudir a los grandes iluminados que a través de los tiempos y las épocas han dejado plasmadas sus enseñanzas y su sabiduría, que de una manera u otra nos enseñan que existe algo mucho más allá de lo que conocemos y que están ahí para ser descubiertas por aquellos seguidores de esos grandes sabios. Podemos señalar una serie de cosas que nos dan a entender, que no solo existe lo que podemos observar a través de nuestros ojos físicos, sino algo más allá de nuestro entendimiento humano.

Tenemos por un lado el porqué soñamos, el porqué de las existencias humanas a través del plano tridimensional, porque existe la Evolución y cuál es su objetivo, hacia donde nos lleva, el porqué existen tantas especies vivientes. Todas estas preguntas podemos acompañarlas con otras más profundas; de donde proviene esa gran fuerza que hace posible la rotación de todas las galaxias, constelaciones, sistemas solares, estrellas entre otros movimientos que existen en las profundidades cósmicas, el porqué lo hacen en una misma dirección, si lo hacen de esa manera, cual es el objetivo, cual es el origen de todos estos movimientos.

Queremos informarles que dentro de todo lo mencionado, ahí existe la vida y la Evolución a un nivel superior cósmico.

La vida fluye y refluye a través de esta rotación de todo lo ya mencionado. Si no fuera por todos estos movimientos, no sería posible el fluir de ese grandioso espíritu superior de la vida.

Esta rotación es el encargado de distribuir ese aliento de vida que llevamos y que vibra en nuestro interior y en todo el cuerpo físico.

Dentro de la Creación existen diferentes movimientos que jamás van a ser entendidos por el ser humano de bajos conocimientos superiores. Debemos abrirnos a las diferentes investigaciones, cósmicas, cosmológicas y hablando espiritualmente, ultra física de esa manera podemos conocer todo aquello que es desconocido para todos nosotros y nuestro nivel de conocimiento humano. En el camino de la luz no solo vamos a encontrar la parte espiritual, si no muchos conocimientos y diferentes sabidurías que nos van a elevar nuestro nivel de conciencia.

Todos aquellos que decidan caminar por este sendero luminoso deben conocer de todas las leyes que existen en todos los planos de la Creación. La Evolución se encuentra en todos los niveles, en todas las dimensiones y en lo más profundo del cosmos y su confín.

Donde se encuentra el espíritu superior de Dios ahí está la Evolución con sus diferentes leyes, rigiendo todo lo que se encuentra dentro de ella. Podemos poner a la disposición de todos aquellos que quieran seguir estudiando las profundidades de lo desconocido, algunos conocimientos y sabiduría que pueden elevar nuestros niveles de comprensión humana.

Es necesario hablar de estos temas y sus profundidades para que la humanidad o aquellas personas sigan estas investigaciones y así puedan acceder a conocimientos altamente superiores, en cuanto a la Creación se refieren.

Aquí vamos a hablar de cuatro elementos que nos van a llevar a comprender la inmensidad de las profundidades de lo que es el existir viviente; estos elementos son el mismo existir, la vida, la Creación y por último la Evolución. Estos son los componentes y la base esencial de todo lo que existe en el existir viviente. Si no existiera la Evolución la vida no tuviera razón de ser, la vida es un elemento que siempre ha sostenido la Evolución, sin la ella no sería posible la continuidad de la vida, pero sin el existir ninguno de lo ya mencionado fuera posible su existencia.

En lo que estamos explicando podemos añadir el tema de la continuidad y la prolongación de la Creación, incluyendo también la misma evolución, la vida y el existir de todo cuanto tenga vida.

La Creación es algo que proviene de la misma prolongación de la Evolución; no podemos precisar donde, como y ni cuando nació la Evolución, podemos decir que ni los mismos dioses pueden tener como sabiduría este nacimiento.

Por lógica superior y por investigaciones muy profundas, tenemos que decir que existe una continuidad y a la vez una prolongación de la Creación impulsada por la Evolución que jamás tendrá fin, siempre y cuando exista un objetivo sumamente superior. Para quien escribe no puede existir tal objetivo porque no podemos pensar que la Evolución pueda tener fin, entonces de ser así, ¿qué puede existir después de ese final? Jamás podrá la Evolución tener un fin, eso será detenernos a pensar que solo abra una sola creación, un cosmos, un solo Creador que va en evolución y nada más. En este capítulo podemos y con el conocimiento que poseemos nos encantaría profundizar un poco más sobre lo que son estos temas y la continuidad de la Evolución y su prolongación.

Queremos con mucho agrado seguir aportando un poco más a su avance y al caminar eterno de su Real Ser divino que usted lleva en su interior profundo y que con mucho anhelo ha buscado esta sabiduría.

El ser humano no puede cerrarse a la simple costumbre humana de solo observar lo que ya está acostumbrado a ver. La Creación es un cuerpo que posee vida y que mantiene a billones y billones de seres que van en constante evolución; a pena nosotros los seres humanos nos encontramos en un punto de ese gran cuerpo que posee la vida. Nosotros los seres pensantes de este plano ocupamos, no la tercera parte de ese inmenso cuerpo, sino quizás una milésima parte de una partícula de átomo de un cuerpo, con esto le queremos explicar lo inmensa que es la Creación, esto sin entrar en medir el tiempo que tiene este cuerpo en existencia y en evolución.

Les estamos dando un ejemplo, lo que podemos explicar en cuanto a los componentes que al principio comenzamos a desarrollar que fueron; el existir, la Creación, la Evolución y el principio de vida.

La prolongación de la vida más allá del mismo existir. La vida se encuentra en nuestro planeta, sistemas solares, constelaciones, galaxias y dentro del inmenso cosmos, ella no es un elemento que se pueda dividir, solo se prolonga en todos los espacios aquí y allá.

Queremos explicar que la Evolución no se termina con los grados más altos de los tronos que están más allá de los dioses y de la sabiduría más elevada del mismo creador. Existen tronos más allá de esta creación, donde la misma evolución se prolonga más y más a grados superiores donde se encuentran inmensos espacios que también están sometidos a las, es ese entonces, inmensas leyes superiores de la Evolución. Con este conocimiento estamos abriendo y expandiendo su comprensión humana, tratando así que entiendan que no es lo que nos han dicho ni lo que nos han grabado en nuestra conciencia, de que el creador es lo más grande que existe y que no hay mas nada.

La conciencia humana no se puede quedar estancada, ella debe crecer con todos estos conocimientos y expandirse a través de una comprensión superior.

Debemos abrirnos a las investigaciones superiores para ir develando los grandes misterios que existen dentro de esta creación y los que se encuentran más allá de lo inimaginado.

Debemos prolongar nuestra conciencia para alcanzar niveles superiores dentro del camino eterno para existir en cuerpos inmensos dentro de los inmensos espacios macro cósmicos.

No existen barreras para los espacios cósmicos, ellos también son componentes de la Evolución. Si no existieran los espacios a nivel micro cósmicos y macro cósmicos entre otros que se encuentran más allá de la continuidad del existir, no sería posible el continuo avance dentro de los cuerpos vivientes que van en evolución.

¿Hacia dónde nos lleva ese avance evolutivo? ¿Sera a los inmensos cuerpos? A los que se encuentran más allá de la Creación paralela donde las dimensiones y los planos se transforman, donde la comprensión humana desaparece. Queremos decirle que si usted quiere seguir creyendo en esas grabaciones psicológicas de que no existe más nada y que solo hay gloria e infierno, usted tendrá que darle cuentas de su avance a su Real Ser divino que lleva en su interior profundo.

La creencia es para los no inteligentes que solo se basan en lo que simplemente le dicen y en lo que le graban psicológicamente, mas las investigaciones son para aquellos que cada día necesitan un avance profundo, lógico y muy sabio dentro de los que es la sabiduría de Dios.

Si quiere ser sabio investigue las profundidades de la misma sabiduría.

Querido lector de acuerdo a la conciencia crece debido a los conocimientos que cada vez va obteniendo y adquiriendo, mas adelante podemos seguir con estas profundidades de estos conocimientos.

Es mucho lo que hay que decir sobre estos temas, solo queremos que se den la oportunidad de que cada día nazca en ustedes esa inquietud de avance hacia lo desconocido.

Lo desconocido es aquel avance de conciencia que usted no posee en el momento. Tenemos que comprender lo ya plasmado en estas cuantas páginas para luego seguir expresando las profundidades de la sabiduría que nos llevaran a la elevación de nuestra conciencia en el eterno caminar de la Evolución.

La Diversidad Divina

Vamos a hablar un poco de las creencias y de lo que es la diversidad divina. Son muy pocos los grupos espirituales que conocen lo que es la jerarquización divina.

Para poder saber a fondo hasta donde pueden llegar los niveles espirituales de un ser que va calando peldaños de jerarquización, debemos estudiar muy a fondo lo que es el cosmos y su evolución constante.

Lo primero que un ser humano debe hacer es no ponerle límites a su mente, tratar siempre de escudriñar la sabiduría de Dios y no limitarse a lo que solo observa.

Nosotros los seres humanos podemos ver nuestro cuerpo humano, pero si llegamos a estudiar a profundidad que somos nosotros dentro del inmenso espacio llamado el cosmos, podemos darnos cuenta que somos un ser, que es el resultado de algo que ni si quiera es de esta creación, sino de una influencia que jamás vamos a descifrar con nuestra pequeña y diminuta mente humano.

El ser humano tiene que romper con ese paradigma psicológico de la creencia, mientras sigan creyendo en lo que le digan y en lo que no dejen de decirle, jamás podrá saber algo más allá de lo observado. Es muy importante estudiar a profundidad la existencia de nosotros como seres habitantes de un espacio tan inmenso como lo es el cosmos. Nuestra existencia no termina en la tumba, ahí solo termina el cuerpo físico, ese cuerpo solo es un vehículo de expresión de ese gran ser que somos nosotros y que vamos en evolución.

Es de mucha importancia saber que así como nosotros existimos en este punto del cosmos, así mismo existen humanidades muy avanzadas a nivel de conciencia, jamás podemos pensar que las jerarquías que existen en el cosmos han salido de esta humanidad, eso no lo podemos ni siquiera pensarlo, apenas somos un punto que no podemos ser observables al otro extremo del cosmos. Si pudiéramos observar al mismo tiempo el cosmos, con todas sus galaxias, sistemas solares, universos, constelaciones, planetas, días y noches cósmicas, nos daríamos cuenta las tantas Jerarquías Divinas que a cada momento están saliendo de los diversos puntos mencionados, es ahí la diversidad de las tantas denominaciones que existen y que van en evolución.

Entonces no podemos pensar que solo de esta humanidad están saliendo maestros de la luz, maestros ascendidos y seres altamente iluminados.

Desde lejanas galaxias y universos existen seres muy iluminados que pertenecen a diferentes líneas de la Evolución conscientes, con otro tipo de sabiduría, lo que la hace ser jerarquías divinas de otro contorno del inmenso universo.

Debemos de pensar que el espacio es algo muy grandioso debido a que está constantemente en actividad, con continuo movimiento que lo llevan a tener un equilibrio perfecto de vida y constantes nacimientos de estrellas, galaxias, constelaciones, sistemas solares y planetas.

La Creación no es lo que nos imaginamos, es algo que nunca las grandes ciencias van a descifrar, no será posible observar el 75% de lo creado por ese gran ser que no se pueda ver y que a él le debemos la vida.

Tenemos que decirles que la Creación no son los planetas, ni lo mencionado anteriormente, sino es algo más profundo indescifrable para aquellos que no estudian su propio misterio interior.

Existe la Creación a nivel físico y también a nivel interno; para comprender esta sabiduría debemos comenzar por comprender el porqué existe la parte física y la parte interna. Así mismo es la Creación, tiene sus dos partes.

Esta sabiduría la cual vamos a plasmar aquí con mucho amor es un conocimiento que va más allá de lo que es la comprensión humana sobre la Creación y la profundidad del cosmos.

Tenemos que explicar lo que es la Creación física, esta viene siendo un resultado de una de las fuerzas que acompañan el Ser que llevamos en nuestro interior por su recorrido a través de su evolución. La evolución de nuestro Real Ser es la que se encarga de construir a través de la fuerza gestadora la creación física, esta no es más que el cuerpo vivo de ese gran creador que va rumbo a su nacimiento superior, ese cuerpo se llama el cosmos en todas sus expresiones y movimientos. A eso es que nos estamos refiriendo, cuando decimos que la creación física no es más que un producto de la fuerza gestadora, de esa fuerza que solo construye todo lo que tenga que ver con los diferentes cuerpos creados por la fuerza del padre que llevamos en nuestro interior profundo.

Cuando hablamos de cualquier fuerza de la Creación estamos refiriéndonos a algo muy grandioso que va mas allá de lo que nos han explicado y que apenas hemos comprendido con nuestra comprensión humana.

Para comprender más a fondo lo que son las cuatro fuerzas que llevamos en nuestro interior, debemos explicar con muchos detalles, todas sus funciones a nivel de la Evolución. Todo comienza desde el preciso momento que esa ley llamada Evolución hace que se desprenda una diminuta chispa, resultado de ese crecimiento de conciencia del que le llamamos Dios.

Desde ese grandioso momento comienzan esas fuerzas su gran trabajo a través de los elementos, elementales y las dimensiones.

No es posible personificar una de estas fuerzas a través de un cuerpo, ellas solo son fuerzas dentro de una conciencia desprendida de Dios; no podemos imaginarnos que incluyendo la chispa que en realidad somos, también van a salir cuatro seres y cinco con esa conciencia que somos, no podemos decir que también son seres divinos, esta solo son fuerzas que utiliza el Real Ser para su propia evolución.

La vida no es más que un espíritu vibratorio que mantiene cualquier cuerpo con vida, ese espíritu es el que le llaman la fuerza del espíritu santo, la cuarta fuerza de la Creación, pero jamás puede esa fuerza tomar un cuerpo físico cósmico dentro de la Creación, si solo es una fuerza para mantener la vida a través de la Evolución.

El divino Creador de todo lo creado, solo ha creado lo que se llama la creación energética interna, esos mundos sumergidos, esos que de una manera u otras tenemos que explicar con muchos detalles y que queremos que abran un poco la comprensión superior.

El cosmos con todas las estrellas, galaxias, constelaciones y demás movimientos es el resultado, como hemos dicho anteriormente, de una fuerza gestadora superior a la de esta creación, una gestación de una madre espacio que no tiene que ver nada con esta creación; de ahí nace ese gran cuerpo físico llamado; creación o el cosmos.

La verdadera creación por la cual tenemos que continuar nuestra evolución, es por esos mundos sumergidos, no por el cosmos y sus galaxias, nosotros si podemos ayudar desde esos mundos sumergidos a todas esas humanidades que se encuentran en el espacio comprendido como el cosmos, pero jamás con cuerpo físico.

Con esta pequeña explicación pueden ahora comprender el porqué tienen los seres divinos que materializarse, ya pueden comprender que es porque ellos pertenecen a esos mundos que no son físicos, sino energéticos, a esa creación creada por el Creador.

Cuando uno invoca a las jerarquías divinas lo hace desde el mundo físico, queriendo nosotros que ellos se manifiesten desde esos mundos que no podemos observar, pero jamás podrán manifestarse sin que el que lo está invocando este preparado internamente, ellos son jerarquías que pertenecen a esos mundos sumergidos, sus misiones son otras, con otros tipos de humanidades.

Nuestra parte interna debe de tener un trabajo que haya generado una energía o una conciencia que pertenezca a esos mundos, entonces, así pueden manifestarse, pero si la energía que existe en nuestro interior todavía está contaminada con los defectos psicológicos, jamás se nos van ellos a presentarse frente a nosotros pobres egoicos.

No podemos creer que esos grandes jerarcas, dioses, tronos y maestros ascendidos, están físicamente trabajando en las galaxias y demás humanidades con sus cuerpos físicos energéticos, eso nunca puede ser, porque sino para que se sumergieron si van a estar en la creación física.

Entonces vamos a separar lo que es la creación física y la energética, ya que son muy diferentes, una fue creada por el creador y la otra por la madre espacio, fuerza gestadora superior macro cósmica.

Existen muchos grupos espirituales que están muy lejos de saber en realidad, quien es Dios, para llegar a comprender es necesario que todos y cada uno de los que se encuentran en el camino espiritual, comiencen a penetrar en el mundo de las investigaciones profundas, a saber que no estamos solos en el inmenso cosmos. Una vez comiencen a estudiar a profundidad el espacio y sus movimientos, entonces se abrirá en ellos el camino de los enigmas que tendrán que comenzar a descifrarlos, entonces las investigaciones se harán cada vez más profundas.

Es de esa manera que se llega a saber quién es Dios en realidad, no creyendo en lo que digan o dejen de decir. El camino de las creencias es algo que lleva a la humanidad a un sistema de estancamiento espiritual y de conciencia. El creer que Dios existe y solo aceptar eso, es como nadar en una cuenca sin agua y así se pasara muchas existencias, creyendo y creyendo.

Para todas estas personas el investigar quien es Dios, es pecar contra él, esto es igual que aquel que da tres palmetazos en un libro sagrado que ya conocemos diciendo: sino esta aquí yo no lo creo; y así se pasaran la vida ignorante del saber consciente, jamás va a estar toda la sabiduría de

Dios en un solo libro, puede el planta convertirse en una biblioteca y tampoco no es suficiente.

Caminando hacia Dentro

Muchos son los que creen que en el camino divino se avanza hacia afuera, pero si hacemos un análisis podemos darnos cuenta que el avance es el de la conciencia y no del cuerpo físico. Cuando una persona entra al sendero luminoso, lo hace con un nivel de conciencia muy diferente, debido a que no conoce muchas de las leyes que rigen nuestros actos, nuestros comportamientos, incluyendo la parte interna de cada uno de nosotros. Estas son personas que vienen con un sin número de violaciones de toda índole, una vez que tengan un tiempo en el camino, podemos medirle el nivel de conciencia que en ese momento posee, entonces, podemos darnos cuenta que la persona ha dado un cambio significativo de su conciencia.

En este sendero si queremos avanzar debemos día tras día de identificarnos y saber quiénes somos nosotros en realidad, que nivel tenemos que darnos dentro de la sociedad, debemos ser diferentes, hacer un cambio de conciencia, de personalidad y avanzar hacia un comportamiento más positivo que haga de nosotros persona agradables, nobles y sencillas; todo esto significa un avance interno dentro del camino luminoso. La conciencia es algo que va creciendo poco a poco a medida que se vaya respetando las diferentes leyes que rigen nuestros actos negativos y positivos.

Aun cuando la persona se encuentre en el camino debemos darnos cuenta de los pasos a seguir, ya que si no somos guiados podemos incurrir en cometer graves errores que signifique grandes atrasos en el camino de la conciencia superior.

Cuando uno se dedica a trabajar con la conciencia se genera en nuestro interior una pequeña revolución, se activa en nosotros todo lo que tiene que ver con el mundo negativo, el mundo de los errores, de las violaciones, de los delitos y un sin número de movimiento negativos, cosas que parecen ser buenas, pero están disfrazadas y todo es para tratar de sacarlo del camino que se ha elegido y que es necesario.

Para poder caminar hacia adentro debemos comenzar una revolución con nuestra conciencia, ya que es en contra de nosotros mismos que vamos a batallar. Esto se llama negarse así mismo, encontrar de todos los defectos que llevamos en nuestro interior y que son los que obstaculizan nuestro avance y que no permite que cada uno de nosotros seamos personas sabias.

Una vez se inicia este trabajo de purificación interna, inmediatamente se activa en nosotros la planta atómica negativa, esa no es más que el cúmulo de conciencia negativa que hemos integrado a través de todas las existencias humanas. Si queremos avanzar en el camino divino, debemos enfrentarnos con esta dura batalla interna; esto no es más que negarnos a nosotros mismos, expulsar de nuestro interior todos aquellos defectos nocivos que perjudican nuestra jerarquización de la conciencia.

Aquel que quiera alcanzar una purificación genuina que nos lleve a los más altos niveles de la conciencia, debe con mucho ahínco vigilar todas sus formas de pensar, ya que la mente es un departamento neutral y no ejecuta si usted no da la orden, entonces, tenemos que vigilarnos de momento en momento para no seguir cometiendo errores tras errores.

El ser humano no sabe que el origen de todos sus sufrimientos se encuentra en la forma de pensar, ya que somos nosotros mismos que le damos forma a la energía negativa, llevándola a hacer grandes daños a nosotros mismos, a la naturaleza y a todo lo que se encuentre a nuestro alrededor.

Ese es el origen de todos nuestros sufrimientos, amarguras y dolores. Nosotros tenemos el poder de darle un giro de 180 grados a todo aquello que nos ha de pasar en nuestra vida y que no sabemos de dónde proviene ni porque pasan.

Todo tiene su porque, todo pasa porque tiene que pasar, porque ya está construido, porque ya está ahí, porque ya es suyo, porque usted ya lo plasmo y todo vuelve a su origen, sea positivo o negativo, pero fue usted quien originó aquello que vendrá a su vida quiera usted o no lo quiera, usted no es el que decide, si no la ley que llevamos por dentro, esa es la que nos regula los actos positivos o negativos.

Vamos a poner que existen dos caminos, uno hacia los daños más horribles que podamos imaginarnos y el otro haciendo todo el bien que se pueda; si seguimos la trayectoria del que eligió el camino de los daños podemos observa el futuro horrible lleno de dolor, sufrimiento y amarguras humanas que vas a tener esa persona que sembró daños significativos, esos son las cosas que ya están construidas, que usted tiene que cosechar porque son suyas, usted la originó, como hemos dicho en el párrafo anterior.

El camino negativo nos ha de llevar a un centro densamente oscuro donde se generan puros demonios humanos, esos son personas altamente dañinas, diabólicas que a todo lo que se le acerca le hacen daño, eso son propagadores de las amarguras y horribles dolores, calamidades y un sin número de dolencias.

Ese es el resultado de aquel que eligió el camino del mal, entonces, ¿qué espera una persona así? No puede esperar, dulzuras pero tampoco cosas buenas ni mucho menos flores, porque el resultado que le viene ya está ahí, eso no lo cambia nadie, solo él haciendo cosas buenas revirtiendo todo lo malo que construyo.

Todo esto tiene un nombre; caminar hacia afuera del camino que nos ha de llevar a la luz. Todo esto es muy diferente al que elige el camino del bien.

Todo aquel que siembre alegría, ayudas de toda índole, mansedumbre, amor y ternura, y todo lo que tenga que ver con el bienestar del prójimo; ese ha sembrado para cosechar cosas muy buenas y va rumbo a un centro de luz para convertirse en una persona iluminada, esas son las responsables de distribuir todo aquello que tenga que ver con la alegría, dicha y felicidad, entonces podemos decir que esta persona está caminando hacia adentro, hacia un avance interno, lleno de luz.

También podemos hacer la misma pregunta, ¿qué usted cree que esa persona va a cosechar? Debemos decir que lo que le espera es bienestar, alegría, dichas y muchas cosas buenas, porque lo que está hecho ya esta, ya está ahí, solo hay que esperar que llegue, eso fue lo que construyó, contrario al del camino oscuro que cosechará sufrimientos horribles, sin saber porque lo sufre, porque no se acuerda del daño que hizo. Son muchos los que sufren inconscientemente, no saben de donde le provienen tantos sufrimientos y amarguras, solo se oyen los lamentos humanos.

Debemos decir que con la misma intensidad que se comete el daño, con esa misma fuerza así mismo se cobra, eso es si se hace inconscientemente, pero si se hace conscientemente entonces se pagará más caro. Tenemos que vivir cada momento de nuestra vida con un pensamiento positivo, siempre haciendo el bien, estos pensamientos pueden traernos grandes alegrías, cambios significativos a nuestra existencia y mucho bienestar como hemos dicho en otras ocasiones; que si cambiamos nuestro interior entonces todo se tornará a nuestro alrededor positivamente.

No podemos perder de perspectiva que cada uno de nosotros llevamos las leyes por dentro y que cada movimiento sea este positivo o negativo la ley lo va a regular, no importa que usted sea rico o pobre, blanco o negro, para la ley no existe el color, raza o nivel social.

La ley es algo que no perdona ningún error que el ser humano cometa, todo se paga ósea bueno o malo.

En ningún lugar del cosmos existe un tribunal llamado; tribunal supremo, eso es una falsedad si alguien así lo dice, eso es igual que el llamado infierno, la gloria y el cielo azul, eso es dogmas de las personas que se encuentran atrapadas psicológicamente.

Si observamos con mucha sabiduría, podemos darnos cuenta que cada persona trae sus propios sufrimientos y amarguras, sin saber de donde provienen, cada cosa que le ha estado pasando y que para ellos es un misterio, no saben el porqué sufren.

Queremos decirles que todo lo vivido y por vivir ya viene grabado en nuestro interior profundo y que nada ni nadie puede quitarle o ponerle nada, solo su Ser puede reajustar los eventos ya pasados, así es que ningún tribunal cósmico tiene que ver con lo ya cometido por un ser humano.

Las jerarquías divinas solo pueden ayudar en nuestra evolución, mas no perdonar ningún error o delito cometido por nosotros, debemos estar claros que cada quien posee su propia individualidad aquí en lo elemental y en lo superior.

Es nuestro Real Ser el único que puede regular nuestras deudas kármicas o todos nuestros dharmas, de no ser así, donde queda nuestra individualidad.

Ningunas jerarquías pueden quitarle karma a nadie, a menos que ella de algo a cambio porque de lo contrario sería cómplice de los delitos cometidos.

Queremos que quede claro no existe ningún tribunal cósmico, eso no existe, aquí el juez es su Real Ser y mas nadie.

El Camino

Muchos son los que buscan el camino de la iluminación interna, la llegada a la luz, a ese nivel de espiritualidad superior.

Existen muchas equivocaciones sobre lo que es la llegada a ese grado de iluminación perfecta, a esa unión con la emanación del conocimiento divino, con la gran sabiduría de nuestro Real Ser.

No podemos perder de perspectiva que debemos realizar un trabajo de purificación, lo cual lleva al discípulo a una unión de sabiduría y conocimiento con nuestro verdadero Real ser.

Se le llama el camino divino por ser este una emanación de Dios a través de una persona completamente iluminada, convirtiéndose esta persona en el verdadero camino, en una emanación divina.

Existe una gran equivocación de muchas personas que alegan estar en el camino divino; una cosa es la búsqueda y otra cosa es estar en el camino. No todo aquel que se encuentra en un grupo espiritual se puede decir que ya está en el camino divino.

Un iluminado si puede decir que él es el camino, debido a que de él emana la sabiduría y el conocimiento de su chispa divina de su Real Ser, de su maestro interno.

Cuando el discípulo siga a ese iluminado, entonces puede decir que se encuentra en el verdadero camino divino, mientras tanto no lo está.

Existe una gran diferencia entre un líder y un guía del camino luminoso. Un líder es aquel que anda en búsqueda de diferentes conocimientos para poder mantener a un grupo, ese dirigente ni siquiera es un discípulo, solo es un simple dirigente no guiado por algún maestro; entonces eso deja entender que ese llamado líder no se encuentra en el camino divino.

Cuando hablamos de un maestro nos estamos refiriendo a ese camino donde existen diferentes conocimientos y sabidurías que emanan del interior del maestro. Esa emanación no existe en un líder, ya que él no es el maestro.

No es posible obtener un grado de conciencia elevado sin ser guiado por un iluminado de la sabiduría divina, por una emanación de un conocimiento superior.

Jamás se crece sin integrar la sabiduría de un maestro que le haga conciencia a su discípulo, ya que es él el que sabe con qué conocimiento puede crecer su neófito. En el camino divino tenemos que cultivar en nosotros, eso que se llama obediencia y la humildad, ya que en muchos momentos la vamos a necesitar.

Este elemento es importante para nosotros poder avanzar.

No podemos caminar sin ser guiado por ese gran sabio que se llama, (El Maestro), el conoce muy bien lo que es este sendero que nos ha de llevar de regreso a casa.

Cuando hablamos del camino, no nos estamos refiriendo a algo sencillo, sino a un sin números de misterios que solo un iluminado conoce, por ser este guía una parte de Dios integrada en un ser humano.

Existen muchas personas que por el orgullo que poseen en su interior no dejan que nadie lo guie, ya que ellos creen que pueden avanzar sin ser guiado, esto es una pura ignorancia egoica que de nada le sirve a su crecimiento interno.

Para comenzar a caminar en el sendero divino tenemos que abandonar eso que se llama orgullo, este es uno de los obstáculos más aberrante que entorpece nuestro caminar y el avance de nuestro Ser por esta dimensión tridimensional.

No es posible que por un agregado psicológico nuestro avance se vea afectado y a la vez estancado en un nivel de conciencia elementa humano; debemos abandonar y expulsar de nuestro interior ese defecto repugnante que nada positivo aporta en nuestro caminar.

Debemos despojarnos de todos los defectos que llevamos en nuestro interior, estos constituyen una gama de negatividad que oscurecen el sendero de la luz y todo nuestro avance hacia la conciencia superior que nos ha de iluminar el existir de nuestro Ser.

Nuestro Real Ser no puede ser un rehén de todos los defectos psicológicos que siempre nos han acompañado a través de todas las existencias humanas.

Es hora que despertemos de ese sueño del que siempre hemos sido rehenes existenciales.

Debemos dejar atrás esa mochila existencial negativa que traemos arrastrando y que causa en nosotros terribles dolores humanos, desesperanzas y muchas angustias.

Cuando hablamos de esa mochila, estamos refiriéndonos a todas esas cargas energéticas negativas que se convierten en nuestra existencia fuertes procesos que el ser humano desconoce en ese momento y cuál es el origen de ese dolor. Tenemos que despojarnos de esa carga que por muchas existencias llevamos en nuestra espalda y que absorbe nuestra felicidad y nuestra alegría.

Tenemos que despertar y buscar a través del camino el objetivo principal de nuestra misión interna.

Nosotros los seres humanos estamos completamente apegados a los diferentes placeres y deleites de esta sociedad durmiente lo cual no nos lleva a despertar del sueño en el cual vivimos.

Son muchos los que buscan a Dios aun con sus distintos defectos y aberraciones internas, uno lo hacen a través de las diferentes religiones y otros en muchas formas.

Existen cientos de tendencias espirituales las cuales son muy buenas porque de una manera u otras sacan a las personas de algunos vicios que son dañinos para el ser humano, entonces estos grupos o tendencias espirituales aportan en algo a esa parte espiritual a la que de una manera u otra buscan para unirse con Dios.

Ahora tenemos que hablar de una forma que parece muy controversial a la que estamos o hemos expresado a través de los diferentes libros de este autor; repito; parece controversial.

Podemos decir que muchas enseñanzas no son ciertas porque de una manera u otras carecen de lógica, hay que aclarar que todas aquellas personas que andan en busca de la unión con Dios, tiene diferentes grados de entendimiento, de análisis y por otro lado de conciencia, entonces es necesario que ellos comiences el camino con enseñanzas que sean aptas para su grado y su crecimiento espiritual.

El crecimiento divino se da a medida que las personas van comprendiendo las enseñanzas de acuerdo a su grado de entendimiento una vez ya entendido dicho conocimiento esas enseñanzas quedan desplazadas por nuevas enseñanzas que van a venir a elaborar un nuevo nivel de conciencia, de entendimiento más elevado incluyendo la lógica en el interior de la persona; o sea que queda claro que las diferentes enseñanzas que han pasado, incluyendo las venideras, son de acuerdo a las épocas y a los tiempos; en estos momentos no nos encontramos en los tiempos medievales, ni en el tiempo de los romanos.

Estamos en una época que es de pura tecnología de avances muy significativos hablar también espiritualmente.

Si analizamos sabiamente podemos darnos cuenta, que no debemos estancarnos con ningún conocimiento de los que nos han hecho crecer, eso significa quedarnos enredados y atrapado con la misma época ya pasada.

Debemos ir creciendo en el día tras día, ahí es donde se encuentra nuestro avance y nuestro nivel de conciencia. No podemos seguir rezando el padre, ya que ustedes saben, cuando en este tiempo existen otras necesidades por la cual pedir, no podemos tener ningún apego con algún maestro y mucho menos con sus enseñanzas que emanan de su interior, de ser así entonces hasta ahí es su camino, debemos comprender que ese camino llega hasta donde pueda existir ese maestro. Cabe hacer una pregunta, ¿si su maestro o su guía se va de esta existencia, usted no va a seguir el camino para llegar a Dios? Debemos decir que no son las misma enseñanzas la de un maestro con la quien fue su guía.

Es importante que todo aquel que busca el camino para llegar a integral a Dios en su interior lo hace a través de un guía o un maestro, pero si usted llego tarde a la misión de ese maestro, usted debe de seguir a otro guía que lo conduzca a esa unión permanente con ese grandioso Dios que llevamos en nuestro interior profundo.

No podemos estancarnos con ideas erróneas de no aceptar las enseñanzas que emanan de un guía que haya llegado a la unión con la fuente divina.

Nadie crece sin la ayuda de un guía que le dé su conocimiento y su enseñanzas, sin el no podemos avanzar en el camino misterioso de la iluminación divina.

EL AVANCE HACE QUE LO DESCONOCIDO SE HAGA CONOCIDO

Trabajando Nuestra Evolución

Es necesario que cuando uno encuentra el verdadero camino de nuestra evolución interna, debemos estar muy claro que desde ese preciso momento se desata en nosotros una lucha en contra de las diferentes adversidades egoicas que nos rodean.

Cada plano o dimensión tiene sus propias leyes, estas vienen siendo elementos que regulan todo y cada uno de los eventos que registran todas las experiencias en nuestra parte interna.

Hablo en esta ocasión de leyes, por ser estas que ponen en nuestro camino diferentes obstáculos que hacen imposible nuestro avance y el desarrollo espiritual que tanta falta nos hace.

Es irónico saber que cuando uno se encuentra al servicio de los diferentes egos o vicios, que solo dejan dolores y amarguras, el mundo de maya no se vuelca en contra de nosotros, una vez comenzamos a trabajar por la humanidad y por nosotros mismos una gran lucha que parece ser inagotable.

Son muchos los obstáculos que de una u otra forma aparecen en nuestro camino. Debemos estar muy pendientes y a la vez despiertos para poder identificar cuáles son esos obstáculos que pueden convertirse en procesos y robarnos nuestra fuerza e impulso en nuestra marcha espiritual.

Cuando el ser humano anda en búsqueda del camino de la luz, la parte oscura busca la manera de convertir cualquier cosa en pequeños obstáculos que sirven como atraso en nuestra búsqueda espiritual.

Definitivamente todo aquel que crea encontrar su verdadero camino de crecimiento, debe de estar bien consciente que va a ser atacado por las diferentes adversidades negativas de este plano.

Queremos hablar de los diferentes pensamientos que a cada momento asaltan nuestra mente en forma negativa, estos pensamientos van y vienen quitándonos así la fuerza de seguir en nuestro camino espiritual, esta es una de las formas negativas que la parte oscura usa para quitarnos la fuerza de seguir iluminando nuestro camino y a la vez creciendo espiritualmente.

Cuando en verdad creemos que hemos encontrado el camino de nuestra evolución es necesario entonces poner todo nuestro empeño en el trabajo que hay que realizar para poder mantener un equilibrio con la parte oscura.

Queremos aclarar que no estamos hablando de una parte oscura que queda fuera de nosotros, sino, de esa parte que cada uno llevamos en nuestro interior, de esa parte densa que no queremos trabajar, de ese orgullo, la ira, nuestras actitudes negativas que cada vez explota a través de nuestra personalidad egoica.

Si queremos trabajar con nuestra evolución, debemos enfrentarnos nosotros mismos, ya que el gran problema somos nosotros con todas las cargas energéticas negativas.

En el camino de la Evolución los procesos y las pruebas van y vienen, es una lucha constante, no podemos mirar hacia atrás a menos que queramos quedarnos como el plano, eterno y estático en un solo lugar, en el plano humano.

Cada ser humano es transitorio por cada plano de la Creación y a cada uno de nosotros se le asigna una eternidad que viene siendo las diferentes existencias u oportunidades de ir y venir en los diferentes cuerpos y países.

A través de nuestro caminar por el sendero divino iremos batallando con las múltiples adversidades que se irán presentando y que no van a descansar hasta que nosotros no lleguemos a nuestra ascensión de este plano.

Es mucho el trabajo que hay que hacer para lograr obtener un nivel de conciencia superior en este lugar que sí es eterno y que no es muy fácil salir de él.

Son muchos los que creen que tenemos que luchar con una parte oscura que se encuentra fuera de nosotros y eso no es así, usted tiene que liberarse de su propia oscuridad interna que cada uno poseemos y que nos hace la existencia amarga y muy dolorosa.

La lucha es en contra de nosotros mismos, con esas densidades que hemos acumulado a través de todas nuestras existencias humanas.

En el camino que nos conduce a la luz nosotros tenemos que convertirnos en nuestros propios jueces, de esa manera podemos corregir todos nuestros errores y los diferentes daños que le hacemos a la humanidad y a la misma naturaleza con la cual nos desenvolvemos en este plano humano.

La lucha es continua debido a que siempre vamos a ser atacados por nuestra propia energía negativa. No podemos pensar que los diferentes obstáculos que se nos presentan en el camino viene de afuera, estos son generados por nuestras densidades que no son más que todo el cúmulo de energía negativos que llevamos en nuestro interior y que en los precisos momentos de nuestro avance afloran manifestándose como obstáculos en nuestro camino, ósea, que la lucha es con nosotros mismos.

No existen obstáculos generados por ningunas entidades que no quieran que avancemos en el camino que nos conduce a nuestra unión con Dios. En otro tiempo pensábamos que los obstáculos eran generados por una magia negra que se encontraba fuera de nosotros y que no quería que cada uno de nosotros avanzáramos hacia la luz, pero dado a que todo se mueve y que también evoluciona, hemos investigados que no es así y que el conocimiento posee diferentes escalas del saber consciente; Ejemplo, una pared en un momento dado es azul, pero si el tiempo pasa podemos encontrar la misma pared de color rojo, significando esto que no es el mismo tiempo ni tampoco la misma época, el color es diferente, pero la pared es la misma, ósea dos maestros y el mismo camino.

Debemos estar bien conscientes que el camino debe de ser claro en todo el sentido de la palabra. Si queremos avanzar hay que estar muy consciente que no podemos apegarnos a ningún líder, ni mucho menos a un maestro, esto puede tener tremendas consecuencias no muy favorables para nuestro avance en el camino.

Si de una manera u otra nos apegamos a la forma de un maestro o a sus enseñanzas, entonces proviene de ahí un apego que no hace posible aceptar otro conocimiento ni mucho menos aceptar otro maestro.

Debemos cuidarnos del fanatismo en el camino, ya que dicho ego es como una piedra en nuestro avance hacia la luz. Si queremos iluminar nuestro interior hay que estar muy pendiente y al acecho de los múltiples pensamientos que a diario nos asaltan y que son muy perversos; estos no son más que manifestaciones de nuestra magia negra interna que llevamos plasmada como planta atómica negativa en nuestro interior profundo.

Hay que enfrentar todos estos pensamientos haciendo todo lo contrario, pero conscientemente, de esa manera podemos revertir dicha magia negra interna.

Por otro lado es muy importante dedicarse a lo que es el trabajo por la humanidad, este es el que nos va a asegurar nuestra ascensión de este plano. No podemos confundir el trabajo de nuestra purificación en el camino de la luz con lo que es la ascensión. Ejemplo de esto son los llamado santos, ellos hicieron un trabajo de purificación, pero no por la humanidad, para ellos jerarquizarse tendrán que hacer un trabajo que le garantice su ascensión de lo contrario se quedaran participando todo el tiempo del plano de la luz.

Para uno trascender por completo el plano humano debemos hacer un trabajo que conlleve la purificación y la ayuda a los demás, de esa manera no hay viraje hacia atrás.

Tenemos que dejar atrás esa cruz eterna que hemos venido arrastrando por toda una eternidad a través de este plano humano, esa cruz no es más que el resultado de todos nuestros sufrimientos y las diferentes amarguras que han generado las múltiples violaciones que hemos cometido en contra de la naturaleza y la misma Creación, todo esto es el resultado de nuestra inconsciencia humana.

Son muchos los que hablan de la famosa cruz, pero pocos lo que comprenden su real significado que nada tiene que ver con lo que es la madera.

En el cosmos existen diversas especies vivientes y diferentes tipos de humanidades, con estilo de vida y cuerpo conforme a su evolución. Su sabiduría y su conciencia son diferentes a la de esta humanidad en la que nos encontramos. Es ilógico pensar que para llegar a Dios todas esas humanidades tienen que por obligación creer en la llamada y bendita cruz, que solo es un símbolo en esta triste humanidad que ni siquiera sabe que existe.

En otra parte del inmenso cosmos existe otro tipo de sabiduría con diferentes símbolos o quizá ninguno, esto no quiere decir que ellos no van a evolucionar ni mucho menos que no creen en un ser supremo.

En ningún momento ni en algún libro sagrado existe la enseñanza de que Dios mando a venerar la famosa cruz ni tampoco como muchos lo hacen: besarla.

Que mucho daño se le han hecho a esta humanidad con tantas falsas creencias, que solo han hecho y han contribuido al atraso más grande en la historia de la espiritualidad, solo por no profundizar en los grandes misterios que encierra el camino de la Evolución y el verdadero significado de llegar a Dios.

Podemos hablar un poco de lo que fue la supuesta trayectoria que Jesús recorrió cuando iba camino al falso calvario del que tanto se ha mencionado y que se lo han creído.

¿Qué significa esa trayectoria? No es más que el camino que cada uno tiene que seguir en el sendero de la iluminación interna, eso es lo que significa esa trayectoria que de una manera u otra le han hecho creer a toda la humanidad.

Jesús nunca se trepo una cruz de madera arriba en el hombro para arrastrarla a través de un vecindario, eso nunca sucedió.

Queremos que en este capítulo quede descifrado lo que significa aquella herida en el costado de Jesús, la cual toda la humanidad conoce muy bien y que se deja ver en aquella confusa obra.

Esta herida no es más que el resultado de los múltiples sufrimientos, ataques, la ingratitud de la humanidad, las diferentes traiciones en contra de sus enseñanzas y su camino.

Son muchos los sufrimientos que un maestro tiene que pasar para poder ascender a otro plano, pero a pesar de todo tiene que por orden divina dar sus enseñanza y soportar todas estas ingratitudes vengan de donde vengan.

Todo aquel que ascienda este plano y haya trabajado por la humanidad, siempre se va con una herida en un costado, esa es una señal de que ya ascendió el plano humano y que jamás va a volver a esta humanidad, ya no tiene que buscar nada aquí. Estos son símbolos que jamás se los van a explicar a ningunas personas, es más fácil decir que un fariseo tomo una lanza y se la clavo a Jesús en el costado, que decir todo el misterio que encierra este evento.

Estamos tocando este tema porque es de suma importancia que la humanidad se dé cuenta que a través de los tiempos y de tantas épocas han venido completamente engañados por creencias que no tienen fundamento y que no pueden explicar tales símbolos que se encuentran en obra matemáticamente calculadas para mantener a la humanidad completamente engañada y dormida.

Las verdaderas enseñanzas se encuentran encerradas en todos estos símbolos de los que estamos hablando, no obstante de estos significados no se habla. Son muchos los símbolos que se encuentran registrados en las diferentes y sagradas escrituras, estos son; aquel letrero que Jesús tenia encima de su cabeza que decía (INRI), otro de ellos era la misma trayectoria supuestamente al famoso calvario, otro que le dio diferentes matices a la obra lo fue Judas, los diferentes milagros que Jesús hacia, aquél que le ayudó con la famosa cruz, las tres caídas del maestro en su trayectoria, la herida en su costado, y muchos símbolos más que nunca se le habla a la humanidad y que siempre se encuentran ignorantes de todas esas sabidurías.

Si llegamos a descifrar todos los símbolos que hay registrados en las sagradas escrituras nos da suficiente material para hacer un libro con la verdadera enseñanza que en realidad la humanidad necesita.

Jamás le van a sacar a la humanidad de su mente, de su entendimiento humano esas grabaciones que por antaño viene creyendo, esa obra de la famosa pasión de Cristo, ha sido como un sello de atraso que por mucho tiempo llevarán y que no será fácil borrárselo a todos los creyentes.

Vamos hablar ahora de la supuesta caída de Jesús en la cruz. Este tema es un poco delicado por la razón de que la humanidad posee unas grabaciones que viene desde su niñez.

Así como nunca existió esa trayectoria física de Jesús por un vecindario, mucho menos es de creerse las famosas caídas físicas en la cruz.

Lo delicado de todo esto es que ahora tenemos que hablarle de la sexualidad de Jesús en el verdadero camino de su ascensión, de la verdadera trayectoria que no pueden explicar por no hablar de su vida sexual o por no entender tal sabiduría que ahí se encerraba.

Siempre se le oculto al mundo de la esposa de Jesús, ella fue María Magdalena quien fue su pareja a través de su camino espiritual, pero quisieron llevarla a la humanidad la falsa teoría de que ella solo fue una prostituta de aquellos tiempos, quedando así la falacia de que esa es la profesión más antigua de la humanidad, todo esto por esconder de que Jesús nunca tuvo una esposa y que él era un ser enviado por el creador, lo de enviado está muy bien, porque todos lo somos.

A medida que Jesús iba avanzando en su largo recorrido junto a su esposa María Magdalena fue cuando en su vida sexual, ahí fue cuando el obtuvo sus tres caídas hablando sexualmente, no fue en aquella trayectoria con un madero encima, eso fue solo una obra muy engañosa para la humanidad; las tres caídas fueron sexual en su camino de la ascensión, estas fueron con su esposa María Magdalena a quien la calificaron como prostituta de aquella época.

Cabe hacer una pregunta, ¿quién fue el que creo esa obra? ¿Cómo se llama? Ese nombre jamás se lo van a dar a la humanidad.

Querido lector hemos descifrado algunos símbolos con el objetivo de que conozcan el verdadero significado que en realidad encierran ellos y que jamás ninguna congregación o tendencia espiritual de aquellos que se encuentran sometidos a falsa creencias y al desconocimiento de todos estos símbolos se los van a descifrar.

Para mí es un honor el seguir descifrando muchos misterios que encierran las sagradas escrituras.

Seguiremos investigando, buceando en el océano de las sabidurías divinas. Todavía quedan muchos símbolos por descifrar, lo aremos con mucho gusto, ya que esa es nuestra misión despertar a la humanidad de tan falsa creencia, de tantas falacias y mentiras que solo aportan atrasos de toda índole, tales como culturales, económicas, espirituales y sociales.

Guía y Discípulo

El buscador de la verdad siempre anda en busca del verdadero camino que los lleve a descubrir los grandes misterios que encierra la Creación.

Una vez se encuentre ese camino debemos asegurarnos de permanecer en la plena investigación que nos ha de llevar a descubrir esos misterios que para muchos creen ser indescifrables.

Son muchos los que por alguna creencia no se atreven a lanzarse a la conquista de aquello que no se conoce y que siempre ha permanecido oculto a través de los tiempos y de las épocas. Los altos niveles de sabiduría se obtienen a medida que el ser humano vaya avanzando en las investigaciones profundas de lo que es la verdadera realidad de ese grandioso creado de esta creación.

A través de todos los tiempos han existido los diferentes iluminados que han guiado a esta humanidad, la cual siempre de una manera u otra han necesitado sus enseñanzas y su sabiduría divina. Debemos decirles a todos aquellos buscadores de la verdad que todos aquellos iluminados tenían su escuela donde impartían sus conocimientos a todos sus discípulos, haciendo de cada uno de ellos grandes sabios.

El hablar de un guía es referirnos a una emanación divina, de aquello que ofrece grandes cambios en el sendero luminoso de Dios.

Un discípulo siempre debe ir de la mano de su guía, seguir sus consejos, aplicar sus enseñanzas y sabiduría, de esa manera el guía va conduciendo a sus discípulos a alcanzar niveles superiores de conciencia haciendo que lo desconocido se haga conocido. El discípulo es aquel que sigue la sabiduría de un maestro, ya que él es el camino a seguir.

En el sendero divino dirigido por un guía debemos ser muy obedientes, ya que es un camino de pruebas y de duros procesos, solo guiados sabiamente podemos alivianar nuestras deudas kármicas existenciales. Las deudas kármicas son producto de cientos de errores, violaciones de leyes y un sin número de delitos que el ser humano por andar errante por este plano tridimensional ha cometido y que seguirá realizando hasta que encuentre un guía que poco a poco le ayude a aumentar el nivel de conciencia actual.

Existen momentos que el discípulo puede dudar de su propio guía, de aquel que lo está guiando por el camino luminoso, es ahí donde se prueba la obediencia y la humildad hacia su gurú, solo el maestro sabe qué consejo darle a un discípulo que sigue sus enseñanzas.

Son muchos los momentos de dudas que tiene el camino y es donde se prueba la templanza y la confianza hacia su guía y muchas cosas más que tiene que ver con su gurú.

En este camino estamos cambiando la creencia por la confianza; no es lo mismo que dirijan al ser humano a la ciega, a que guíen a un discípulo con exactitud. Un dirigente de cualquier tendencia espiritual no sabe la prueba que le puede venir a un seguidor de su grupo, pero un guía conoce a sus discípulos desde existencias pasadas, sabe por dónde ha pasado, el porqué de la prueba y por lo tanto conoce su trayectoria espiritual y existencial. No es lo mismo guiar a sus discípulos observándole su camino, a dirigir a una persona sin saber lo que le viene y como le va a ayudar.

Saber guiar a un discípulo es comenzar a ayudarlo antes de que la prueba llegue a él, preparar el terreno para que el discípulo no sufra tanto cuando se vea en pleno proceso iniciático.

En el camino que conduce a Dios existen diferentes obstáculos que el mismo ser humano ha construido con sus actitudes y sus comportamientos negativos, todo esto se convierte en lo mismo que hemos mencionado, en puros obstáculos en el camino ascendente de la evolución superior.

Entonces es necesario ser guiado por personas que de una manera u otra han llegado a la iluminación de su interior profundo. Este camino es muy complejo, ya que el ser un guía es algo de mucha responsabilidad y profunda tolerancia con el discípulo que posee el libre albedrio y que siempre hay que respetárselo.

Un discípulo no puede avanzar sino posee su individualidad, esta le da la oportunidad a las leyes divinas de someterlo a los procesos que le van a probar el nivel de conciencia en el camino de la iluminación de su interior.

Son muchos que por llevar el ego en su interior se olvidan de la obediencia y la humildad cometiendo el error de no oír a su guía, esto trae terribles consecuencias en el sendero de regreso a Dios.

La humanidad siempre va a necesitar de un iluminado para poder caminar en el sendero luminoso.

Si no existieran los iluminados jamás llegaríamos a conocer las cosas divinas.

No existe manera alguna de alcanzar en el camino sino fuéramos guiados por aquel que de su interior emana la sabiduría del divino Creador de todo lo que existe.

En muchos de los casos el discípulo suele sentirse celoso por el avance de otro hermano que juntos van caminando y guiado por el mismo maestro, o sea de su guía del camino.

Cuando esto sucede el guía sufre ese enfrentamiento por ser esto parte de él mismo; es ahí donde ese maestro tiene que aplicar mucho de su sabiduría. Esto son procesos que el discípulo debe trascender para luego alcanzar nuevos niveles de conciencia y de tolerancia.

Un maestro puede ayudar a un discípulo cuando este se encuentre en algún proceso dentro de su avance hacia Dios; pero jamás puede quitarle sus experiencias, la cual le servirá de exámenes conscientivos en el camino infinito y hacia lo desconocido.

Muchos creen que la existencia humana comienza con el simple nacimiento de un niño, también creen que su final es cuando la persona muere o hablando un poco más profesional, desencarna.

Existe la creencia de que cuando las personas desencarnas, unas van a la gloria y otros van a ese lugar llamado por algunos creyentes, el infierno. Entonces, si llegamos a creer que eso es una realidad no podemos dar por cierto que Dios existe, ni mucho menos que la Evolución puede ser una realidad.

Hay tendencias espirituales que siempre han estado completamente equivocadas o un poco confundidas. Estamos hablando de esa manera porque creemos en la lógica superior. No son posibles las existencias humanas sin existir la Evolución y si fuera así es porque de algún lado proviene ese ser que ha nacido y que ha vuelto a nacer. Tampoco lo puede hacer si en algún momento se quemó en el llamado infierno. Queremos decirle que el tan tenebroso infierno es una creación de algunas religiones para tener a la humanidad en un puro control espiritual.

La Creación es perfecta y no da saltos. Por otro lado, son los que creen que ese grandioso ser, Jesús el Cristo, va a venir a llevarse a los vivos y a los muertos.

¿Cree usted que ese gran ser va a venir a buscar las cenizas o los restos del abuelo de setenta y cinco años de usted? Es ilógico que también venga a buscar las cenizas de Abel el hermano de Caín porque también él está muerto. ¿Cree usted que todos los que han muerto en todas las guerras que han pasado por esta humanidad, a esos también se los van a llevar? ¿En qué lugar los van a ubicar? En la llamada gloria o en algún terreno, en que parte de la Creación.

El ser humano tiene que despertar un poco más y dejar de ser manipulado por creencias que carecen de lógica superior.

Esas creencias lo único que hacen es atrofiarle al ser humano las células de la inteligencia cerebrales, llevarlo al fracaso y al estancamiento espiritual. Mientras sigan atrapados por el fanatismo de las creencias religiosas y no se pongan a investigar las profundidades de Dios a través de las dimensiones y la lógica superior, jamás van a llegar a entender quien es Dios y cuál es el camino de regreso a nuestro verdadero hogar.

El camino luminoso necesita de un iluminado para poder guiar a todos aquellos que de alguna manera u otra quieren llegar a integrar la luz en su interior.

Cuando alguien quiera que un iluminado lo guie, desde ese preciso momento le está entregando su libre albedrio y de esa manera puede ser corregido muchos de los errores que pueda cometer ese discípulo.

Por otro lado, ese neófito debe comprender que va a ser corregido en cualquier momento de todos sus defectos y aberraciones negativas. Un maestro siempre vigila el comportamiento de todos sus discípulos tratando así de eliminar de su personalidad los errores, las malas costumbres y todos sus defectos negativos. Es ahí que el seguidor de este camino tiene que ser dirigido por su guía que siempre está pendiente a su avance hacia otros niveles de conciencia superior.

El orgullo es un obstáculo en el camino de un iniciado que quiere purificar su interior. Hablemos de este defecto por que dificulta el avance de nuestra conciencia, el es el que no acepta ningún tipo de consejo ni mucho menos señalamientos que tenga que ver con correcciones verbales, enseñanzas, aprendizajes que vengan de otras personas que se entienda que es menos que uno mismo, entre otras cosas que en este momento no recordamos.

Todo aquel que quiera avanzar y alcanzar otro nivel de conciencia debe trabajar arduamente con ese terrible defecto que solo aporta en nuestro caminar divino sufrimientos, dolor, amarguras de toda índole y tantas cosas negativas que se nos añaden en nuestro diario vivir.

El orgullo es el causante de los remanentes negativos que nos han dejado las existencias pasadas en nuestro caminar por el sendero luminoso. Ese y tantos otros defectos han sido los causantes de nuestros sufrimientos, amarguras y dolores humanos que pasamos en nuestro plano de seres pensantes.

Si el ser humano quisiera avanzar con su evolución solo tiene que enfrentarse consigo mismo, ya que el único responsable de todas sus deudas kármicas es él mismo. Todo aquel que reconozca sus propios defectos esta en el camino de encontrar su propia iluminación interna. No será posible hacer un cambio sin reconocer todo aquello que en nosotros constituye un sin número de negatividad en nuestro interior. Una vez identificamos un acto negativo que provenga de nosotros mismos, podemos comenzar una vigilancia de todas nuestras actitudes negativas, para luego erradicarlas y no volver más a repetirlas. No podemos convertirnos en rehenes existenciales de todos los defectos que así quieran someternos a los múltiples fracasos con los cuales hemos viajado a través de este plano de errores y de terribles sufrimientos, amarguras y sin sabores.

Es hora de cambiar nuestro entorno haciendo un cambio de todo lo negativo por todo lo positivo, aunque se nos haga imposible por ser en contra de nosotros mismos.

Es saludable ser una persona positiva, siendo así, todo a nuestro alrededor se tornara agradable, positivo y todo tomara un giro diferente en nuestro diario vivir. Los defectos psicológicos solo dejan penumbra, dolor de toda índole, estancamiento espiritual, económico y cultural.

Podemos hablar un poco de ese terrible defecto "el miedo", se puede ver un poco sencillo pero no lo es. El miedo es también un defecto horrible, el es el causante de muchos fracasos económicos debido a que por sentir miedo no podemos ir a una entrevista de trabajo porque creemos que no nos lo merecemos y que esa entrevista va a ser un fracaso, entonces, ¿quién fue el causante de este evento negativo o mejor dicho de ese terrible fracaso de trabajo? Es el horrible miedo que llevamos cada uno de nosotros por dentro y que debemos erradicar de nuestro interior profundo.

Son tantos los defectos que llevamos agregados y arrastrando por cada existencia que solo enfrentándolos podemos liberarnos de tan terrible y obscura atadura.

Si observamos y analizamos nuestro interior podemos darnos cuenta que en realidad somos, en gran parte, un pequeño habitante de la oscuridad haciendo y deshaciendo en este plano tridimensional, pero sin darnos cuenta. Podemos hacer una división de lo que estamos hablando; ejemplo la ira, este es un defecto que llevamos en nuestro interior y que causa tantos dolores a nivel familiar. Este ego es el causante de muchas depresiones de un sin número de personas; podemos buscar el porqué cuando un iracundo mata a un integrante de una familia, cree usted que en esa familia reina la felicidad, la tristeza o la desolación.

Muchos son los hijos que quedan huérfanos por ese terrible defecto horripilante que llevamos en nuestro interior, ese solo constituye en nosotros la oscuridad y la sombra de nuestra existencia humana. Eso es lo que nosotros aportamos con ese monstruo que llevamos en nuestro interior, la ira. Este solo es un ejemplo de un solo defecto, si juntamos todos los defectos, ¿quién cree usted que somos nosotros?

Entonces se puede creer que lo que hemos dicho es cierto, que somos un habitante andante manejado por una oscuridad interna y que hace de nosotros lo que ella quiera. ¿Usted cree que pueda hacer un trabajo para poder liberarse de esas tiniebla aberrantes que lleva en su interior?

Queremos decirle que cada uno de nosotros lleva para arriba y para abajo, donde quiera que vaya la oscuridad, un pedazo de su propio infierno atómico negativo.

Quiere usted seguir así o quiere hace un cambio siguiendo las enseñanzas que nosotros le ofrecemos y que serán de mucho beneficio para su purificación y su avance, ya que es tiempo de que despierte de ese sueño profundo humano.

Purificando Nuestras Actitudes

No podemos precisar que tan profundo puede llegar un dolor que cause un defecto o una actitud negativa de un ser humano. Existen muchos derivados de un ego o mejor dicho de un agregado psicológico que se apodera de la personalidad humana. Si cada uno de nosotros entramos en una vigilancia completamente estrecha con aquello que se le da el nombre de personalidad, el mundo, los países, las ciudades y en si cada uno de nosotros, nuestro entorno fuera muy diferente, se terminarían los delitos, los horripilantes asaltos que tantas muertes dejan en este mundo de dolor y de sufrimientos.

Los seres humanos somos máquinas controladas por una energía negativa que hace de nosotros lo que ella quiera; nosotros tenemos que vigilar las dos conciencias, de esa manera podemos darnos cuenta, si lo que vamos a hacer es positivo o negativo, es ahí donde usted pone en la balanza lo que es el bien o el mal.

Debemos de hacer un cambio radical en todas las actividades hechas y que salgan de nosotros; estas pueden ser, palabras negativas expresadas a través de nuestro verbo, agresiones verbales hacia otras personas, reuniones sociales negativas que tengan que ver con bebidas alcohólicas, discusiones de parejas, indirectas no agradables al oído de la otra persona, entre otras que en este momento no recordamos. Estas son actividades que hay que sacar de nuestro entorno y que no dejan beneficio alguno a nuestra personalidad humana y a nuestra existencia.

Si queremos un cambio radical en nosotros, debemos hacer un gran esfuerzo en contra de nosotros mismos, ya que somos responsables de todos los actos negativos de nuestra personalidad.

Podemos hacer una pregunta, ¿cuál es la diferencia entre un asesino a una persona que posea todas estas cualidades que hemos mencionados anteriormente?

Un asesino mata y hace daño, pero la persona que tenga todo lo mencionado, también lo hace.

Podemos descifrar el daño que puede causar cada una de las cualidades negativas ya escritas aquí, una de esta puede ser el verbo mal empleado, este deja heridas muy profundas que a través del tiempo que se pueden recordar; este es un daño significativo en una relación sea de pareja o no sea.

Otro de los tantos daños que puede causar una persona que no sea asesina es, las críticas destructivas hacia otra persona; si llegáramos a observar que tanto daño hace ese defecto, podemos darnos cuenta como se deteriora la moral de una persona dentro de la sociedad cuando alguien habla muy mal y cosas que no son de aquella persona que conocemos. Por donde quiera que pase o cruce de quien se ha hablado, muchas son las personas que la observan de manera muy baja cuando no lo es, entonces a eso conlleva la crítica negativa, a destruir la moral de una persona buena y honrada que nada tiene que ver con hacerle daño a nadie.

El alcohol, este es el culpable, el monstruo que tiene hundida a esta sociedad, hasta en la sociedad mas alta se encuentra haciendo profundo daños y hundimiento en el dolor mas horripilante a familias de altos y bajos recursos económicos.

Son muchos los niños que sufren las consecuencias y las amarguras que deja este monstruo, niños que pasan hambre, mujeres maltratadas, rompimiento de hogares, violaciones, que nacen de ese defecto del alcohol, infidelidad y muchas cosas y eventos negativos que surgen de este señor alcohol. Conversaciones no agradables a nuestros oídos, de esta nacen muchas riñas, siembran en nosotros profundos rencores, odio, mal querencia, no nos ven con buenos ojos, nos convierten en personas no agradables dentro de nuestro entorno.

Esta es una de las actividades donde uno no le cae bien a nadie, podemos estar identificados por ese tipo de conversaciones no agradables, como pueden identificar a uno diciendo; ahí viene fulano, vámonos, ese es un gran ejemplo de cómo puede la sociedad ver a uno. Todos nosotros tenemos que convertirnos en personas agradables dentro de la sociedad que nos rodea.

Es muy importante cambiar nuestras actitudes negativas, estas no dejan nada en nuestro avance hacia la luz. Debemos quitar de nuestro camino todas aquellas cosas o mejor dichos elementos que sean obstáculos para nuestra conciencia positiva. Sí ponemos en actividad todo aquello que sea negativo y que está dentro de nosotros, en nuestras células, seriamos un escándalo, un peligro andante dentro de la sociedad. Debemos purificar nuestro interior, sacando de una vez y para siempre toda esa gama de defectos negativos horripilantes.

Cuando hablamos de purificación estamos refiriéndonos a nuestro avance, al camino de la luz, a ser personas diferentes a la del montón, común y corriente. Debemos hacer un trabajo que nos lleve a ser personas, sencillas, buenas, agradables, humildes en el más elevado sentido de la palabra; no personas rudas, horripilantes, malvados, diabólicos con todo tipo de maldad por dentro, rencorosa, envidiosa, lujuriosa, etc.

Cuando una persona es altamente lujuriosa, no podemos descuidarnos, esto se puede convertir en un peligro para la sociedad de hoy en día.

Este es un defecto que en cualquier momento puede sembrar el dolor más grande en una humilde familia, estamos hablando que en cualquier momento este demonio de la lujuria, se puede manifestar en alguna persona que quiera hacerle daño a una niña o niño adolecente que no tenga ninguna experiencia de adulto. Esta puede ser por medio de una horrible violación, es algo desastroso para esa familia que le puede pasar algo así, quedaría marcada para siempre, no tendría ningún tipo de cura en su humilde existencia humana.

Que tanto podemos hablar de ese horrible demonio que cada uno llevamos por dentro en diferentes grados. Este es uno de los egos que siembra el dolor y el sufrimiento más espantoso en la sociedad o en una familia que quizás nunca estaba esperando tal dolor. Entonces, ¿Usted cree que cada uno de nosotros pueda hacer un cambio de nuestro interior infectado por todos estos demonios que llevamos en nuestra débil mente, que en cualquier momento puede convertirnos en personas infelices, desgraciadas, en depredadores humanos, de niño y niñas inocentes?

Una vez más mi querido lector estamos hablando de lo que puede hacer un solo defecto que cada uno llevamos en nuestro interior y que siempre anda con nosotros para arriba y para abajo. Es ahí donde les hacemos ese gran llamado. Hay que hacer ese gran cambio de nuestro interior maligno, negro, horrible y con todo tipo de maldades que solo siembra terror y dolor en personas inocentes, buenas, agradables y sencillas.

Vire hacia atrás en la lectura y haga un recuento de todo los daños que han hecho todos los defectos de los cuales hemos hablado y dígame, ¿usted no tiene todos estos defectos en su interior, infectado? solo que usted no lo tiene manifestado a ese nivel y que lo puede controlar, pero lo posee y si se descuida usted puede convertirse en un monstruo de la sociedad no agradable. Trate de lograr un cambio y sacar hacia afuera esa gama de perversos agregados psicológicos.

Podemos hablar un poco de lo que son las partes positivas que puedan generar nuestro interior a través de un cambio radical de nuestro entorno.

Cuando una persona logra someterse y se compromete a hacer ese cambio el cual lo va a llevar a erradicar de su interior todo aquello de lo que hemos estado hablando anteriormente, podemos convertirnos en lo todo lo contrario dentro de la sociedad que nos rodea. Qué bueno y qué bonito seria que una persona en vez de sembrar amarguras y dolor haga lo contrario, siembre alegría y felicidad , que en lugar de expresar un verbo mal empleado demuestre delicadeza en cada palabras, que donde existía la violación ahora exista la ayuda emocional y sincera, en vez de llevar tristeza a una familia lo que lleve sea alegría y felicidad a ese hogar, en lugar del odio que nazca el amor al prójimo, cambiar la ira por la paz, el rencor por la gratitud, la critica por la ayuda a la humanidad.

Podemos hacer una pregunta, ¿a donde usted avanza cuando comete tantas maldades y daños significativos? ¿Hacia el mal o hacia el bien?

¿Sabía usted, que lo que está aportando a la humanidad es dolor y sufrimiento? ¿Cree usted que está avanzando espiritualmente o eso sería bien visto por las jerarquías divinas?

Vigile su comportamiento de instante en instante, para que pueda salir de ese fango negro donde todos aquellos que se comportan negativamente han caído, para que usted no sea uno más de los habitantes de la oscuridad, de los ayudantes del camino oscuro que solo siembra dolor y sufrimiento en este plano de triple espacio.

No sea usted un agricultor de ese terreno oscuro, un sembrador de la maldad que solo cultiva odio, rencor, amarguras, infidelidad de toda índole, donde sus hijos son pequeños monstruos, ese es el fruto del cultivo negro que una persona puede tener en su terreno interno.

Trate siempre de llevar la luz a su interior para que sus pensamientos se iluminen y surja de usted palabras de luz y de aliento, cambie su verbo, su forma de pensar, las negativas por las positivas, hasta su vibración puede cambiar; todo el mundo lo va a ver diferente, eso se llama, un cambio de personalidad absoluta y radical.

Consecuencias de un Defecto

Los defectos psicológicos son una conciencia muy negativa, no mira sexo ni tampoco familiares. Es un monstruo que ataca sin importar las consecuencias que provoque en un entorno familiar. Este demonio es altamente destructivo, le destruye la felicidad a la persona inocente dejando a su paso grandes desilusiones, amarguras, traumas, sufrimientos de toda índole en niños y niñas inocentes.

Este es un agregado psicológico que vive en nuestra mente, en esa parte oscura de nuestra conciencia humana. Son muchos los niños, mujeres y niñas que han sido violados por este defecto que siempre ha venido alimentado por los grandes deseos carnales y lujuriosos. Esto significa que cada ser humano debemos estar en constante vigilia de nuestra mente humana como hemos dicho en párrafos anteriores, ya que este monstruo no respeta familiares; estos son hijos, hermanas ni si quiera a las madres.

Hay niños que en este momento están sufriendo el resultado de una infernal y destructiva violación por parte de su padre cruel y despiadado, destructor y depredador humano.

Esto solo deja huellas imborrables, marcando su existencia para siempre, sin importarle su futuro, eso se llama demonios andantes que también viven al acecho de sus víctimas inocentes.

Estos demonios humanos no les importa la cadena de dolores y sufrimientos que a su paso van dejando con su comportamiento destructivo. Estas personas no conocen lo que es la conciencia, no miden ni se detienen a pensar el gran daño que causan en la sociedad.

Estos sujetos nunca tienen iniciativas positivas, siempre andan sembrando sufrimiento en aquellos hogares de personas buenas. Estos demonios son basura dentro de la sociedad que nos rodea, nada bueno se puede esperar de ellos como hemos dicho en un párrafo anterior; siempre están y viven al acecho para cometer su delito. Quien escribe conoce muchos casos que en la actualidad son resultado de estos actos destructivos que vienen de estos demonios andantes, que no respetan edades ni sexo, nacionalidades ni posición social.

Desde los tiempos medievales y de aquellas épocas donde existían grandes reyes con aquellos lujosos salones, siempre se ha hablado que existen demonios con grandes poderes que reinan en la oscuridad y que eran muy temidos por las diferentes tendencias espirituales. Pero como siempre se ha dicho, y aceptamos que es así, los tiempos y las épocas cambian, donde las creencias se convierten en saber y todo se investiga, entonces podemos darnos cuenta que aquellos demonios de los que se hablaban los tenemos aquí y ahora en nuestro tiempo actual. Solo que se han pluralizado en personas que poseen en su interior aquella poción demoniaca que pertenecía a aquellos grandes demonios medievales; ahora los tenemos andando por nuestras calles y en nuestros hogares como padres, hijos y tíos entre otros.

Son muchos casos de los que tenemos que hablar, un libro no nos alcanza para expresar tantos delitos cometidos por los depredadores sexuales, llamados en esta obra, demonios andantes. En que mente humana, a menos que no sea un demonio de estos, cabe destrozar la psiquis, la mente, lo que va a ser su comportamiento sano, a un niño o niña que nada tiene que ver con una edad madura y que no está preparado para soportar la caricia de un adulto y mucho menos tener a un demonio encima destruyendo su virginidad y su inocencia de niño.

El hablar de estas personas es referirnos a individuos de muy baja conciencia, ya que no se le puede dar otro calificativo ni mucho menos tratarlo como un ser humano normal. Debemos de cuidar nuestros niños y niñas de esos diablos andantes que se pasean con su mente malvada y dañina entre la sociedad.

Que podemos hablar de aquellos casos de violaciones que nunca sacan al aire o mejor dicho a la luz pública.

Existen niños y niñas, incluso hasta personas adultas, que mantienen bajo secreto su cruel y doloroso momento vivido por aquellos diabólicos depredadores sexuales, que nunca los han denunciado y que pertenecen al núcleo familiar; entiéndase padres que han abusado de sus propias hijas e hijos, esos son los depredadores que viven bajo la guarida del silencio familiar.

Estas personas son partículas diabólicas de la oscuridad que viven en nuestro espacio y que solo aportan horribles y espantosos daños a personas inocentes.

Quizás es de no creerse pero cada uno de nosotros llevamos en nuestro interior la esencia de la oscuridad, que no es más que ese terrible defecto psicológico llamado lujuria, solo que en otro se encuentra a un nivel más desarrollado.

Todo aquel que quiera buscar un mejor comportamiento de su parte interna, o podemos decir de sus actitudes, que quizás no sean las mejores, pueden estudiar estos conocimientos y sabiduría superior que imparte quien les habla.

El ser humano debe ir en busca de un cambio que lo haga más positivo y que sus actitudes vayan acorde con su personalidad. No se puede dar algo cuando uno no lo tiene, es importante escudriñar dónde y cómo podemos hacer ese cambio que nos lleve a obtener un nivel de conciencia que vaya acorde con nuestro comportamiento dentro de la sociedad. De esa manera podemos tener una certeza que se puede confiar en personas buenas con un alto nivel de comportamiento sano y sincero. Si cada uno de nosotros nos lanzáramos a esa búsqueda de ese comportamiento positivo, nuestra humanidad fuera otra y no tuviéramos tantos delitos de diferentes índoles, tales como violaciones, secuestros, asaltos y robos entre otros.

En este tiempo actual podemos observar como aumenta el nivel demográfico en la sociedad, eso hace que se incremente un poco más la locura mental, la depresión en aquellas personas altamente lujuriosas dándole paso al impulso desenfrenado de una posible violación.

Debemos hacer un análisis de nosotros mismos y ver si en realidad nos estamos comportando positiva o negativamente, podemos evaluar nuestro comportamiento y así darnos un calificativo hacia lo positivo o hacia lo negativo.

Son muchos los errores que en el diario vivir nosotros cometemos. Errores que más adelante tienen sus consecuencias; un ejemplo lo es aquella persona que por no denunciar al esposo ante las autoridades deja que siga la cadena de abuso en contra de sus niños, sin importarle el gran daño que se le está causando mental y psicológicamente y que durara mucho tiempo para que ese trauma se cure.

Existen niños y niñas que llevan en su interior profundas desilusiones, tristezas y hasta desolación, esto es producto de los terribles y espantosos momentos vividos que le han causado estos temerarios demonios con cara de humano. El ser humano debe despertar un poco más sobre las legiones que llevamos en nuestro interior, ya que en cualquier momento toman forma convirtiéndose en nosotros grandes monstruos habitantes de la oscuridad o sea, una partícula negra de nuestro centro de gravedad oscuro.

Debemos de trabajar en contra esos sentimientos negros que solo aportan terribles dolores y profundas amarguras a esta humanidad.

ESTAS LEYENDO

CAMINO

CONCIENCIA

Y

PURIFICACION

Existen parejas de hombres y mujeres que anhelan tener hijos pero debemos explicar con lujo de detalle el porqué no pueden tener lo ansiado. Estas mujeres que de una manera u otra quieren tener una familia completa y aun buscando todo tipo de técnicas, sistemas entre otros métodos no pueden tener hijos; esto es producto de una consecuencia existencial.

Si hacemos un estudio ultra físico podemos descubrir que esta persona es una de la que participaba cruel y despiadadamente en contra de los niños en alguna existencia, trayendo con ella ese terrible karma de no tener hijos aunque lo quiera, esa son las consecuencias de los diferentes delitos que en el momento inconsciente la persona comete.

Todo tiene que pagarse aquí o en otra existencia, nada queda impune ante las leyes divinas.

Todo aquel que viole a un niño o niña pagará quiera o no quiera, por eso es que nacen algunas personas que solo vienen a sufrir y nada más, solo se oye en esa existencia el lamento del sufrimiento porque nada mas vienen a pagar.

El Rencor y sus Ramificaciones

Vamos a hablar un poco de lo que es ese terrible defecto llamado el rencor; son muchos los sufrimientos que por culpa de esa energía provocada por la mente humana ha sumergido en profundo dolor a esta humanidad.

El ser humano es como una máquina que anda errante por este mundo cometiendo grandes errores, que causan y siembran odio, rencor y resentimiento, si la humanidad buscara el origen del dolor humano, se diera cuenta que ese se encuentra en nuestro interior profundo.

Tenemos que vigilar cada movimiento de lo que a diario hacemos, solo así podemos detener aquellos actos negativos que se engrandecen en nuestra conciencia nociva. En nuestro interior se encuentra ese defecto psicológico llamado el rencor, este es el causante de terribles enfermedades, una de ellas puede ser el cáncer, ahí ya tienen el origen y el resultado de ese defecto nocivo que se encuentra agregado en nuestra mente humana.

A través de los errores cometidos por nuestro comportamiento hemos hecho que nuestro mundo sea tan malvado, lleno de diferentes delitos que solo dejan mucho dolor y como hemos mencionado en algunos párrafos, de sufrimiento y desesperanza.

No podemos por ninguna razones olvidar que vivimos en un mundo que por culpa del rencor existen las separaciones de muchas familias, entre ellos, hijos, padres, hermanos y tíos. Tenemos que comprender que nuestro cuerpo es un templo donde mora una parte de Dios, esa parte es esa chispa divina que un día se desprendió en busca de un crecimiento de conciencia y no para sentir rencor en contra de nadie. No es posible que si nuestro interior es el templo de esa chispa divina, haya un defecto que cause daño a nuestros semejantes.

Tenemos que pensar con mucha claridad y llegar a un análisis de lo que provoca a largo tiempo el tan famoso defecto, el rencor.

Hablar de un defecto como este es como un río que siempre va a fluir. Este agregado psicológico es peor que cualquier enfermedad; es algo que ha causado muchas muertes. Ejemplo, cuando una persona mata a otra por solo acordarse de una vieja rencilla, muchas de estas se dan en familias muy grandes. Por otro lado, el rencor puede llevar fácilmente a que una persona se enferme de esa terrible enfermedad llamada, el cáncer, esta muerte proviene cuando las células están muy cargadas de tanto rencor, entonces se desarrolla la enfermedad.

No se puede guardar rencor en el corazón, esto es una carga muy negativa que a través del tiempo acaba con nuestra existencia. Nosotros tenemos que hacer un trabajo muy eficaz en contra de nosotros mismos.

Es muy necesario comprender que cada ser humano no es o no somos unos santos. Todo aquel que posee un agregado psicológico debe pensar que no es algo muy bueno lo que tiene en su interior. Por culpa de todos esos defectos es que existen tantos asesinatos, tanta maldad, enemistad, secuestros, robos, rencillas de todas índoles, violaciones a niñas inocentes entre otros.

Ya podemos observar las tantas barbaridades que cada uno de nosotros tenemos, es algo que no es divino es más bien un pedazo de la parte oscura y que no es favorable para aquel que busca el camino de la Evolución consciente.

Tenemos que lograr eliminar esa parte oscura de nuestro interior, expulsar todas esas legiones malignas que aniquilan nuestro avance. Una vez logrado ese trabajo podemos ser personas muy amables, donde nada nos molesta, todo se puede ver más claro, por no ser aquel ego del rencor el que va a ver las cosas, sino esa parte buena que proviene de nuestra chispa divina, de nuestro Dios interno, de ese ser que brilla en nuestro interior.

Cuando un defecto se apodera de nuestra mente, nos hace cometer terribles errores en contra de nuestro prójimo causando daños irreparables en personas buenas. El propósito de un defecto es sembrar la discordia, el terror, la maldad y llevar al ser humano al terrible abismo nocivo de una mente bélica y diabólica.

Los agregados psicológicos solo siembran sombra, sufrimiento, dolor y amarguras, nunca hacen la parte opuesta, esta parte constituye aquella planta atómica negativa que se encuentra en nuestro interior y que solo siembra espantos tenebrosos.

Existen personas que se encuentran terriblemente sumergidos en los errores, poseen un nivel de conciencia demasiado bajo, cualquier riña ajena la hacen de ellos, sembrando desgracias en el prójimo y profundo dolor.

Cuando el ego del rencor es bien alto en aquellas personas que también son iracundas es muy difícil que no cometan una terrible desgracia con aquella persona que haya tenido alguna riña.

El defecto de la ira solo siembra desolación familiar, cuando decimos desolación estamos hablando de dos familias, no solo llega la desgracia a una sola, sino a la del que sembró el agravante y a la de la víctima como también a todos los allegados. Es como una cadena de sufrimiento que opaca la alegría y la armonía de todas esas personas que nada tienen que ver con aquel que cometió tan horrible error.

Con todo esto podemos darnos cuenta lo que es nuestro interior negativo, de hecho, solo estamos hablando de un solo defecto que se encuentra agregado en todas nuestras células y en cada rincón de nuestro cuerpo.

No quisiéramos nosotros ver en actividad todos los egos, o sea, todos los defectos actuando a la misma vez, sería algo espantoso, tenebroso y horrible observar una planta atómica negativa cometiendo desastres nocivos, apoderada de una mente humana. Eso somos nosotros los seres humanos habitantes de esta dimensión, donde reinan dos energías, una positiva y otra negativa.

Es hora de que comencemos a expulsar cada uno de esos defectos que solo atrasan nuestra evolución, debemos hacer un cambio positivo de nuestro entorno, sea este familiar o de trabajo.

Tenemos que sembrar el amor donde hay odio, la alegría donde existe la tristeza, la felicidad donde hay desolación y así sucesivamente.

El ser humano es lo que quiere ser, porque no podemos ser positivos y construir una sociedad sana y agradable y no comportarnos como personas no gratas en la sociedad. Cada uno de nosotros debemos tener un guía que nos oriente y que nos muestre técnicas precisas que nos ayuden a limpiar esa parte oscura que se encuentra en nuestro interior profundo.

Debemos retomar aquella inocencia, aquel niño sin maldad, inocente y juguetón; debemos buscar un camino que nos enseñe a comprender que somos seres vivientes de la Creación y que tenemos que trascender todo aquello que atrase nuestro comportamiento positivo.

Tenemos que ir en la búsqueda de aquella persona agradable y dulce que éramos y que nada nos molestaba.

Hay que construir aquellos valores positivos que hacen de nosotros personas sencillas, amables, distintas y sobre todo conscientivas.

Debemos deshacernos de todas las debilidades humanas, apegos y defectos nocivos, hacer un cambio de conciencia, hacer una transformación total de nuestros comportamientos negativos.

Hay que abrir la puerta de la conciencia para hacer posible que nuestra comprensión aproveche los conocimientos y los fluidos de nuestro Dios interno. Tenemos que decidirnos sacar todas las impurezas de nuestra mente, hacer una radical limpieza egoica. Tenemos que seleccionar los pensamientos que a diario surgen de nuestro interior.

Si queremos hacer un cambio debemos enmendar aquellos errores que en algún momento cometimos y que son huellas negativas que en nuestro camino hemos dejado, que causaron dolor y sufrimientos.

Nacemos, vivimos, caminamos, trabajamos y sufrimos, pero no nos detenemos a pensar, porque nos pasan tantas cosas negativas que hacen de nuestra existencia una vida amarga y dolorosa. Si investigamos aquello desconocido y que para muchos son enigmas indescifrables, podemos darnos cuenta que hemos existido en diferentes existencias, las cuales están sumergidas en nuestro interior profundo y que las llevamos donde quiera que nos encontraremos.

Tenemos que decir que cuando nacemos en una existencia, así mismo nacen los defectos y todos los sufrimientos, así como los diferentes karmas, dharmas y un sin número de elementos que son ganancias existenciales, de ahí vienen nuestros sufrimientos.

Todos los mencionados son elementos viajeros donde una existencia no es lo suficiente para pagar los errores cometidos en contra de la naturaleza y las diferentes leyes de la Creación.

Por otro lado tenemos que decir que los defectos también son viajeros existenciales y que hacen que nosotros sigamos cometiendo errores y empañando nuestro existir. Hay que despertar aquí y ahora, en esta existencia.

Si investigamos esas existencias anteriores podemos darnos cuenta que nuestros sufrimientos vienen viajando junto con nosotros y que muchas no son ganancias de esta vida, sino de las anteriores.

Son muchas las personas que se oyen gemir expresando, que solo han nacido para sufrir y echándole la culpa a los que nada tiene que ver con lo que hemos cometido a través de las existencias. Estas son personas que su nacimiento viene muy cargado de sufrimiento, dolor y amargura donde el doctor lo espera con un bisturí en las manos, siendo este el primer karma a pagar. Luego comienzan los accidentes a suceder por donde quiera; la misma ley divina convierte esa existencia solo para pagar y nada más.

Por eso es importante despertar aquí y ahora a través de este conocimiento que es de mayor importancia para su vida y su crecimiento.

No podemos seguir dormido, cometiendo errores que más tarde pagaremos con amargura y dolor. Tenemos que dejar de odiar al prójimo, no tener rencor en contra de nadie, eso empaña nuestra existencia y amarga nuestra vida.

Nuestra Mente

Vamos a hablar de un tema un poco controversial. La mente humana no es más que el libre albedrio del ser humano en este plano tridimensional. Esta es un departamento neutral, donde las dos energías toman formas para poder manifestarse y llevar a cabo sus actividades sean estas positivas o negativas. La mente es un departamento que le sirve tanto a la conciencia positiva como a la negativa. No podemos pensar que la mente posee algún poder, cuando eso no es así. Si una conciencia no quiere que se manifieste ningún evento a través de su mente, esta se muestra neutral, ya que es uno el que pone actividad en ella, entonces no podemos decir que ella tiene algún poder.

Es un error decir que la mente tiene diferentes facultades, así piensan todas aquellas personas que no conocen ni han estudiado a profundidad estos temas que pertenecen a la conciencia.

La parte pensante es el resultado de un conjunto de experiencias que adquirimos a través del recorrido de nosotros por los mundos de la naturaleza.

Vamos ahora a hacer un análisis que nos va a llevar a una comprensión un poco profunda. Si llegamos a observar muy detenidamente la naturaleza, nos vamos a dar cuenta que en una plantita existe la vida, pero no movimiento propio; ahí se encuentra una conciencia bien elemental. Si arrancamos esa planta o mejor dicho de una forma más profesional, la cortamos, podemos observar que inmediatamente se muere, mostrándonos así que la vida está latente en la planta; pero como la naturaleza está sujeta a la ley de la Evolución, ese elemento que se encontraba dentro de esa plantita pasa a formar parte de otro reino más evolucionado. Hemos demostrado que al cortar la planta nos damos cuenta que ahí existe la vida, pero no el movimiento propio, ni el pensamiento.

En el reino animal ese mismo elemental que ya paso a este mundo viene a tener un cuerpo, movimiento propio, vida e instinto, pero no pensamiento, este aún es un elemental de la naturaleza que no piensa solo actúa de acuerdo al momento; ese es el instinto. Ahora podemos darnos cuenta que ya en el mundo humano ese elemental pasa a tener un cuerpo ya humano, aquí ya tenemos cuerpo mas evolucionado con movimiento propio, vida y pensamiento. Ó sea que aquella plantita éramos nosotros que hemos venido evolucionando hasta llegar al mundo humano, pero si llegan a quitarnos el pensamiento seríamos puros animales.

Si seguimos el ritmo de la Evolución les tenemos que decir que en otro plano más superior a este ya no le es posible tener una mente para pensar, será otro cuerpo más sutil y superior, la mente trasciende otro elemento.

Este es el único plano de seres pensante donde la energía es movida por ese elemento llamado mente. Mucho se ha dicho de la mente humana, pero muy poco son los que conocen de ella; aún los grandes sabios están equivocados cuando alegan que esta posee grandes poderes.

Para hablar de este tema se necesita saber lo que es la Evolución, y por otro lado, lo que es la energía.

La conciencia es la única que actúa a través de ese departamento, la mente, de acuerdo a lo que se personifique, sea positivo o negativo. Esto es el puro resultado de su propia conciencia que a través de ese departamento se expresa. No podemos vigilar la mente, lo que debemos hacer es observarnos nosotros mismos, ya que como hemos dicho, que es nuestra propia conciencia la que actúa a través de nuestra personalidad humana.

Es un error el decir que nuestra mente puede traicionarnos. Si usted le pone freno a su conciencia negativa las cosas malas no pueden manifestarse. El ser humano no quiere reconocer los grandes errores que a diario vive cometiendo y todo esto por no aceptar su comportamiento dentro de la sociedad. Es importante darnos a la tarea de hacer un cambio de nuestra parte interna, ósea, de nuestra conciencia.

Es necesario eliminar todo lo negativo que a diario aportamos en la sociedad, si cada uno de nosotros hace lo mencionando, nuestro entorno fuera otro. Debemos ser más prácticos con nuestra conciencia positiva.

Si observamos nuestra conciencia se eliminarían los malos comportamientos y de esa manera retiramos de la sociedad una parte negativa de nuestro interior. Para hacer un cambio tenemos que enfrentarnos con todos nuestros campos energéticos negativos, solo así podemos retirar los malos comportamientos de la sociedad. No podemos seguir así, no podemos estancarnos, esto no es un trabajo mental, sino más bien de conciencia.

Mucho se ha hablado de la psiquis, pero muy poco es lo que se sabe a profundidad de ella.

Vamos a explicar muy detenidamente lo que es la relación de la mente con la psiquis. Nuestro cuerpo humano está lleno de millones y millones de filamentos energéticos, estos son los que se encargan de recoger todos los tipos de impresiones sean estas positivas o negativas. Muchas veces este departamento se sobre carga de tantas impresiones, activando así las dos conciencias que en realidad tenemos. Es cuando se dice que la persona ha perdido la mente; en este caso tenemos que decir que al manifestarse la conciencia negativa y la positiva lo quieren hacer a la misma vez. Esto es un puro descontrol mental, pero queremos decirle y aclarar que no es la mente, sino lo que se está manifestando a través de ella, es la psiquis que se encuentra sobre cargada y de esa manera se tiene que descargar.

Es mucho lo que hay que hablar de este tema. Existen personas que no tienen una edad madura, pero caen en uno de estos disturbios o desequilibrios psíquicos. Estas personas ya vienen de otra existencia con la psiquis cargada de diferentes emociones.

Debemos profundizar en lo que es el estudio de la mente, la psiquis y las emociones impactantes. Estas emociones son las responsables de que en nuestro interior se produzca un choque de las dos conciencias.

Por otro lado, tenemos que hablar de la influencia que ejerce el cosmos en estas personas que están enfermos de la psiquis. Es de mayor importancia saber que nuestro astro, la luna, posee una gran influencia tanto con las mareas del océano, como en nuestro interior. La luna ejerce un control total de la agricultura, de nuestra conciencia y de nuestra psiquis. Cuando esta se encuentra en su fase menguante o la que se llama la luna nueva, produce en la psiquis enferma emociones impresionantes. La humanidad reconoce a estos enfermos como personas dementes; es lo mismo que en la agricultura, no se puede hacer siembra de ninguna índole, por lo tanto este fruto no será sano.

Debemos conocer un poco más sobre la influencia de nuestro cuerpo con el cosmos y la naturaleza. Tanto es así que cuando va a llover todo aquel que se encuentre intervenido quirúrgicamente también tiene su reacción, dando esto a entender que nuestro cuerpo tiene su relación con la naturaleza y con el cosmos. Esta relación tiene su influencia en el campo energético de las personas, sufriendo así comportamientos de diferentes índoles.

La mayoría de las veces todo aquel que se encuentra en un nivel de gravedad muy alto, casi siempre desencarnan de noche dado el caso que siempre la luna emite unas ondas negativas que influyen en aquellos enfermos que están a punto de morir.

La luna es el equilibrio cósmico de cada planeta, es la parte negativa que influye en los cuerpos vivos de la naturaleza y del mundo humano. Si observamos en nuestro diario vivir casi siempre se oye cuando una persona le dice a otra; "anoche se murió fulano", nunca se dice que a las doce del día se muera alguien. Pero como hemos dicho, la luna es el perfecto equilibrio planetario de nuestro sistema solar, ella es la que hace posible la marea alta y la baja en el mar. Las mareas son las que limpian los océanos y le dan paso a otro ciclo de vida marina.

Al escribir sobre este tema queremos llevar un mensaje muy claro sobre la relación que existe entre el ser humano, la naturaleza y la influencia cósmica. Es importante informarle a cada uno de los que lean este capítulo que esta influencia está conectada con todos los cuerpos que posean la vida y que pertenezcan a un reino de la naturaleza. El cosmos es un ser vivo donde existen billones y billones de seres que van en evolución y por lo tanto tienen su relación al unísono con él. Todos pertenecemos a ese inmenso cuerpo donde se mueve la vida y la misma evolución.

El mar, los planetas, el sol, la misma marea alta, la baja, la luna, el universo y el mismo cosmos todos estamos' relacionados, todos somos un mismo cuerpo; el cuerpo vivo de Dios.

No podemos dejar hablar de esa gran influencia que existe en el mundo animal, donde se encuentran los pájaros, los reptiles y las aves. Todos ellos de alguna forma u otra predicen los eventos venideros, sean estos de lluvia, temblores de tierra y otros que se encuentran relacionados con la naturaleza, el cosmos y con nosotros los seres humanos.

Nosotros los seres humanos somos un conjunto de sistemas de órganos que poseen una conciencia integrada que hacen posible los movimientos corporales de cada uno de nosotros. Los órganos son los productos de nuestros pasos por los diferentes reinos de la naturaleza. Es el resultado de las múltiples integraciones de esa conciencia de la naturaleza, por lo tanto, somos conciencia andante. No podemos ser violadores de sus leyes porque sino ella se encargará de cobrarnos el más mínimo daño contra ella, la naturaleza.

Cuando se hace daño a la naturaleza nos hacemos daño a nosotros mismo sufriendo así terribles consecuencias tales como enfermedades de toda índole. Ahora podemos hacer una pregunta, ¿quiénes son los que se enferman? Son los mismos que hemos explicado, los órganos de nuestro cuerpo. Ellos son los que pagan esas violaciones dando parte de su conciencia integrada en un reino, quedando así enfermo por faltarle parte de su conciencia, entonces proviene el no movimiento de ese órgano.

Esas son las consecuencias de las violaciones en contra de la naturaleza.

Conociendo Nuestra Parte Negativa

Vamos ahora a hablar de las consecuencias que genera el mal comportamiento del ser humano y que a través de las existencias son causa de dolor y sufrimiento. Nosotros los seres humanos tenemos dos centros de energías, una positiva y la otra es negativa. Estos dos centros son el gran resultado de un cúmulo de comportamientos, sea este positivo o negativo. Este último se le puede llamar, la parte atómica negativa del ser humano, sea hombre o mujer.

Existen leyes que son violadas constantemente por nosotros los que pertenecemos a este reino tridimensional humano. Las consecuencias de nuestro sufrimiento tienen su origen en las actitudes explosivas de nuestra personalidad humana.

Es muy necesario trabajar arduamente con ese centro energético atómico negativo que llevamos en nuestro interior profundo, ahí están registrados todos los agregados psicológicos que hacen que nuestras existencias sean muy dolorosas.

Ahora pregúntese usted, ¿quién fue el que formó ese centro de energía atómico en su interior? ¿Fue Dios o fue usted?

Dios no castiga a nadie, ni manda al ser humano a nacer uno más pobre que otro, solo que por las múltiples violaciones de las leyes nos hemos ganado lo que somos en realidad; seres que solo venimos a sufrir o a disfrutar lo que sembramos en cada existencia.

Entonces nosotros somos lo que generamos lo bueno y lo malo que en cada existencia venimos a pagar o a cobrar, esto lo regula dos leyes que se llaman; la ley del karma o dharma.

Estamos en un preámbulo de lo que vamos a explicar en cada capítulo de esta obra. Es necesario dejar bien claro que debemos de hacer un cambio que genere una mejor vida, comenzar a tener actitudes positivas, cambiar ese centro de energía atómica, eso se logra vigilando nuestro comportamiento, no ser explosivo ante las adversidades del momento.

Debemos hacer lo contrario de aquello que pensamos en forma negativa, que si pensamos criticar, hacer lo contrario, enviarle amor o hacerlo constructivamente. Nosotros tenemos la capacidad para transformar cualquier pensamiento, no olvide que usted fue ese gran arquitecto que formó ese centro, ese monstruo de energía atómico negativo.

Sabemos que comenzar a debilitar esa fuente maligna que existe en nuestro interior profundo es como desatar una gran batalla en contra de todos los defectos que provienen de ese centro energético negativo y que toman diferentes formas por medio a nuestra personalidad humana.

Nosotros los seres humanos tenemos que conocernos más a fondo; si observamos nuestras actitudes podemos darnos cuenta que solo existen dos maneras de comportarnos en la sociedad que nos rodea; estas son, positiva o negativamente. Existen personas que poseen un grado muy elevado de negatividad; eso lo hace ser una persona muy explosiva dentro del núcleo familiar y entorno a todo lo que lo rodea.

Con esta actitud podemos observar que ahí existe un nivel de comportamiento muy negativo, lo cual lo hace ser una persona iracunda. Con este nivel de ira se puede llegar a formar el centro negativo atómico; un centro muy denso en nuestro interior profundo.

Este defecto puede llegar a convertirnos en la persona más perversa de toda una región debido a que no tiene escrúpulos para hacer daño a su prójimo.

Todo aquel que quiera un cambio debe de comenzar a vigilar sus pensamientos y sus actuaciones; estas pueden ser transformadas de acuerdo a una constante observación de nuestras actitudes.

No existe tiempo ni edad para transformar nuestro interior atómico negativo. Mientras no se le ponga freno al mal comportamiento humano seguiremos errante a través de las existencias.

Tenemos que hablar de lo que puede ser una persona culta dentro de la sociedad que nos rodea. Esta persona posee un nivel de comportamiento un poco más elevado, hablando en término moral, mas el hombre común se dedica andar en el medio ambiente cometiendo toda clase de aberraciones, construyendo y sembrando dolores y sufrimiento. No respeta la integridad de los demás, su verbo no es de lo mejor, ya que lo emplean en forma aberrante con palabras no agradables al oído de aquellas personas cultas.

Una persona que no sea culta solo siembra desesperanza, sufrimientos, destroza a todo lo que le rodea, siembra crueldad y será rechazado por la sociedad.

Existen muchos tipos de personas de esta índole, tenemos el ilustrado que de eso no tiene nada, solo tiene título, pero siguen siendo ignorantes equivocados, no conocen lo que es el buen comportamiento, solo son diplomas y nada más.

Estas personas necesitan hacer un cambio a nivel de conciencia, ya que vienen sumergidos en el error, maltratando la dignidad de aquellos que se comportan con gran respeto dentro de lo que le rodea.

Para hacer un gran cambio necesitamos trabajar con nuestro interior empleando un equilibrio con nuestra conciencia, debemos tomar la rienda de nuestros pensamientos nocivos, ya que no ayudan en nada a nuestra existencia, solo la oscurecen de manera dolorosa.

No podemos olvidar que cada ser humano es una planta de energía atómica negativa, que cuando la pone en actividad destruye todo aquellos que se encuentran cerca.

Si llegamos a darle forma a uno de esos pensamientos nocivos y tratamos de personalizarlo, tenemos lo que es una explosión de ira, instando al individuo a cometer grandes delitos en contra de sus semejantes, hiriendo de muerte, matando, incendiando y destruyendo; eso es lo que se llama, explosión atómica interna. Entonces, es importante eliminar de nuestro interior esa planta de energía negativa que solo genera a través de nuestra mente, pensamientos de toda índole.

Debemos trabajar para transformar nuestras actitudes nocivas que no aportan nada al buen comportamiento humano. Hay que hacer una limpieza interna de todos aquellos defectos y malas costumbres que hacen de cada uno de nosotros una persona desagradable y malvada. No podemos dejar que esa planta energética, que se encuentra en nuestro interior, se manifieste en el diario vivir.

Un defecto psicológico se puede manifestar a un nivel muy elemental, por ejemplo, una ira puede ser una mala respuesta a una pregunta, una mala mirada, una cachetada, una riña cuerpo a cuerpo, un asesinato contra una persona, asesinatos en masa, hasta llevar este defecto a una guerra, ya pueden ver hasta dónde puede un defecto llegar.

Con todo esto podemos darnos cuenta lo que cada uno de nosotros poseemos en nuestro interior. Ese defecto de la ira llega en un momento a nublarle la mente y el entendimiento a una persona, no importa que sea blanco o negro, rubio o trigueño, ese agregado psicológico no mide raza, ni sexo para poder manifestarse.

Si el ser humano hiciera un cambio radical en su interior, no existiera tanta delincuencia en la sociedad, ni mucho menos asesinatos.

Es importante explicar que la dimensión en donde nos encontramos cada uno de nosotros es un espacio que se encuentra dentro de la Creación y de hecho es el único plano de seres pensantes, donde se le da forma a la energía por medio a ese elemento llamado, mente humana.

La mente humana no es más que el libre albedrio, la parte autónoma de ese ser que viene en evolución, es el medio que se usa para tomar decisiones, sean buenas o malas.

Esas decisiones, en este caso, negativas son las que hacen que este plano sea denso. Los seres humanos somos lo que transformamos la energía y le damos forma a los pensamientos.

En otros planos no existen los pensamientos negativos, esas dimensiones son de pocas leyes, estamos hablando de aquellas dimensiones que se encuentran sumergidas dentro de la Creación donde habitan seres completamente divinos diferentes a este plano que solo habitan personas muy perversas, llenas de odio, rencor, resentimiento, ira, donde roban, matan, hieren, incendian y se destruyen uno al otro. Todo esto solo siembra, sufrimiento, amarguras, dolor, angustias, malestares de toda índole, Eso es el hombre común y corriente, ese es el nivel de conciencia de esta humanidad, todo esto es generado por ese elemento llamado mente.

El hombre común de la calle es la viva representación de una larga cadena de sufrimiento familiar, éste solo provoca terrible y espantoso futuro a sus hijos, empleando desesperación, repercutiendo en la sociedad que nos rodea.

No podemos ser parte de esta aberrante conducta humana que solo destruye nuestro sentido de ser y de existir. Debemos despertar de ese sueño en el que vivimos, tenemos que ser personas de elevada conciencia y de mucha integridad social. Solo comportándonos como personas cultas, podemos comenzar un gran cambio en nuestro interior, en la sociedad y en nuestro entorno familiar.

Tenemos que respetar la dignidad del semejante, abandonando así las malas costumbres, dejando atrás el mal comportamiento y no repetir aquellas acciones negativas que solo hacen sufrir a nuestros familiares, sean esposas, hijos, madres y padres.

Hay que frenar esas andanzas por ese mundo de fieras errantes de instinto animalesco; ese es el mundo de maya.

Si cada uno de nosotros hiciera un cambio, nuestra conducta fuera agradable, sencilla y nuestro aspecto fuera diferente.

Derivados de un Defecto

Existen personas muy perversas que solo siembran espantos, dolores, amarguras y sufrimientos, un ejemplo muy visible y que pasa a diario en nuestra sociedad, estas son las múltiples violaciones de niños y niñas, estas son monstruosidades del ser humano. Este delito se deriva de ese demonio que se encuentra en las guaridas de nuestra mente humana, este defecto se llama el ego de la lujuria y posee un control de nuestra mente y algunos movimientos corporales.

El hombre común y corriente del montón no conoce lo que es el dolor de una familia que sufre cuando su niño ha sido violado por una persona completamente controlada por una energía mental y diabólica, no apta para estar dentro de una sociedad decente y equilibrada.

Son muchos los sufrimientos y amarguras que siembra este defecto psicológico y malvado que por un descuido mental se personifica sembrando espantos en niños y niñas inocentes, dañándole su vida y su futuro.

El ser humano está completamente lleno de aberraciones diabólicas, de ahí es que se derivan todos los errores humanos, sufrimientos y amarguras.

Debemos de chequear nuestra parte interna, detenernos y ver si estamos pensando positivamente, no podemos darle soltura a esos pensamientos nocivos que hacen de nuestra vida y de nuestro entorno un océano de eventos no agradables para nosotros y para la sociedad que nos rodea.

Debemos someternos a un cambio radical, si hacemos eso estaremos aportando un granito de arena en la inmensa playa de la Evolución consciente.

Tenemos que perfeccionar nuestra creación interna, hay que erradicar aquellos demonios que habitan en nuestra mente humana; estamos hablando de todos los defectos que llevamos en nuestro interior y que atrasan nuestro avance en el camino que nos lleva a la liberación de este mundo de perversidad egoicas.

Los defectos no aportan nada en nuestras existencias humanas. Estos se convierten en costumbres normales, solo para confundirnos y que sigamos cometiendo errores.

Hay que erradicar de nuestra mente esas viejas costumbres que no aportan nada positivo en nuestra vida y en la existencia actual.

Es importante que cada ser humano busque en su diario vivir algo positivo, sea esto una enseñanza, un conocimiento o una sabiduría, que lo lleve de una manera u otra a elevar su estado de conciencia.

Somos seres que cada día podemos crecer positivamente, no somos estáticos en este plano de densidades humanas. Cada día que pasa el mundo moderno está lleno de perversidad lujuriosa, de agresividades morales, de aspectos vulgares, de pensamientos malignos, eso hace que este mundo sea un lugar donde reinan las bajas pasiones humanas. Este defecto de la lujuria está depositado en nuestro basurero mental.

Debemos liberarnos de ese terrible demonio que llevamos en nuestro interior y que es el causante de tantos dolores familiares, si queremos saber de dónde viene el dolor humano, es ahí uno de sus orígenes, está en nuestra mente malvada.

Hay que trabajar en contra de los abusos sexuales ser contribuyente del buen sentir, de la amabilidad, sembrar la alegría en el lugar de la penumbra, el amor en lugar del odio, la sensibilidad donde existe el mal comportamiento y en si ser persona amable, cariñosa, con un buen aspecto positivo.

Los seres humanos somos una conciencia que a través de la naturaleza venimos ascendiendo y evolucionando de acuerdo a un sin número de experiencias lo cual hace posible nuestro ascenso a otro plano.

Es a través de esas experiencias que integramos el bien y el mal, esto podemos denominarlo como, la energía positiva o la negativa, pasando esta última a formar parte o a transformarse en agregados psicológicos, estos se encuentran diluidos a través de nuestras células corporales.

Esta energía negativa dado a un descuido mental de nosotros se personifican a través de nuestra mente, haciendo terribles daños a personas inocentes, tales como a niños, niñas y mujeres entre otros.

Inmediatamente estos agregados psicológicos se apoderan de nuestra mente, es bien difícil su expulsión, se necesita una voluntad de acero para sacarlos de todas las guaridas de nuestra mente, es una lucha en contra de nosotros mismos, es una guerra sin cuartel, ya que donde quiera que nos encontremos, ahí están ellos, son parte de nosotros.

Lo primero que debemos hacer es, estar consciente y comprender que en nuestro interior se encuentra esa energía la cual es muy nociva y que viene siendo el origen de nuestro dolor humano.

Todo aquel que hiere con un arma a su semejante es impulsado por una energía que se le puede dar el nombre del ego del asesinato, es la misma energía que se personifica de acuerdo al momento o al evento; otro momento puede ser; si observamos a una mujer mal sentada, la misma energía se activa mentalmente con aquel ego llamado, la lujuria, un ego nocivamente destructivo, hablando en término aberrante.

Es de mayor importancia saber que somos personas que estamos poseídas por una energía muy diabólica y que cuando se activa nos convertimos en puros demonios.

Si llevamos esto a un análisis profundo podemos darnos cuenta que no existe muchas diferencias entre un ultrajador que lo hace físico y aquel que en su mente vive ultrajando a cada momento a esa dama que siempre le ha agradado, ese es un ultrajador pasivo, que nadie lo puede ver, esto significa que esa energía se encuentra en ese interior a un nivel menor a la de aquel que la personifica.

Pero si llegamos a exponer esa mente a que todo lo puedan observar, llueven las acusaciones en contra de ese ultrajador pasivo. A las cosas hay que llamarlas por su nombre, todos llevamos pequeños demonios por dentro.

Espiritualmente se le puede llamar a estos eventos nocivos; contaminación interna, esto significa que debemos hacer un trabajo que constituya la expulsión rápida de todos estos defectos que no aportan nada bueno a nuestra vida y a nuestros familiares de inmediato, incluyendo a todo aquel que se encuentre en nuestro entorno.

Son muchos los que alegan tener una conciencia limpia y clara, pero si llegamos a bucear dentro de nuestro interior, podemos llevarnos muchas sorpresas, ya que dentro de nosotros existen infinidades de aberraciones de diferentes índoles que constituyen nuestra planta atómica negativa, eso es el punto de integración de todos los negativos que hemos experimentado e integrado a través de todas las existencias humanas.

Tenemos dos plantas atómicas, una positiva y la otra negativa, usted elige; cual de las dos quiere cerrar, una siembra dolores, espantos, amarguras, sufrimientos, penumbra, desasosiegos, destruye vidas inocentes y forja una larga cadena de nocividad. La otra siembra todo lo contrario, amor, alegría, amabilidad, cordura, esperanza, confianza y un sin número de positivismo.

Debemos sembrar las buenas semillas, no importa en qué terreno sea, usted no pierde nada, pero si hacemos lo contrario ganamos un sin número de cosas negativas, estas pueden ser; la cárcel, mala voluntad por su mal comportamiento, miradas despectivas, rechazos de múltiples personas y puede cosechar hasta la propia muerte; eso es lo que podemos obtener de esa planta de energía nociva.

Haga un experimento y dispóngase a no pensar por un minuto y vera que usted puede cerrar esa planta de donde emanan aquellos pensamientos negativos que hacen que nosotros cometamos los múltiples errores; ahora haga lo contrario, piense que está haciendo algo positivo a una persona y que ella lo está tomando con mucha alegría; si pudo observar, usted puede dominar su mente y pensar cosas buenas y no negativas, eso significa, que podemos hacer un cambio y erradicar de nuestro interior todas esas aberraciones internas.

Por otro lado podemos decir sin temor a equivocarnos que todos los seres humanos, no incluyendo a los iluminados, poseemos en nuestro interior, un ladrón, un ultrajador, un adultero, un fornicario, un estafador, un criticador, un mentiroso, un matador y en realidad un sin número mas que no vamos a mencionar por ahora; todo esto nace de esa planta que ya hemos mencionado anteriormente.

Si observamos nuestro interior, este se encuentra totalmente contaminado por todos estos defectos que hacen de nosotros personas no agradables en la sociedad actual.

Existen personas que pueden alegar que ellos no tienen el ego de la mentira y que ellos no son mentirosos, pero en algún momento han acudido a la famosa mentirita piadosa, disque para no hacer daño; queremos decirles que si llegamos a ponerle un ejemplo, se darán cuenta que viene siendo la misma mentira, el mismo mentiroso del que estamos hablando.

Queremos que analicen estas palabras; si separamos una gota de agua de un océano y la llevamos a un laboratorio, podemos observar que los resultados van a reflejar que tanto el océano como la gota que separamos de él, poseen los mismos componentes del océano, es decir que no importa el tamaño del cuerpo, sino los componentes que tenga, o sea que la mentira más grande es la misma que la pequeña, las dos salieron de la misma planta negativa, es la misma conciencia, (es mentiroso).

Con este ejemplo podemos darnos cuenta que así mismo son todos los defectos que llevamos en nuestro interior y que cada día viven engañando nuestra mente y llevándonos al abismo espiritual.

Cuando vaya a mentir acuda a la conciencia y analice si es usted el que va hablar o es ese demonio de la mentira el que lo va hacer.

Mida su grado de conciencia en cada conversación.

El Espíritu Santo

Es un poco controversial tratar de explicar cuál es el verdadero significado del tan llamado espíritu santo, al que tanto veneramos los seres humanos. Debemos profundizar un poco más y darnos cuenta lo que es esa fuerza.

Cuando le damos el nombre de fuerza es porque no estamos personificando a ningún ser en específico.

El espíritu santo solo es un espíritu vibratorio que le da la vida a cada ser viviente de la Creación, no importa a que dimensión pertenezca este.

Esta fuerza esta diluida a través del inmenso cosmos dándole la vida a todo cuanto existe, incluyendo al mismo creador.

Este espíritu es la fuerza vibratoria de Dios, esa que le da la vida a todos los seres vivientes de la inmensa creación; (Espíritu Viviente de Dios).

Son muchos los que le denominan, el espíritu santo, creyendo así que es un ser que posee un gran poder al igual que el creador, esa es una gran equivocación de una creencia sin fundamento alguno.

Son muchas las tendencias espirituales que glorifican al espíritu santo, aunque eso no está mal, lo único que ellos lo hacen en forma como si este espíritu fuera un grandioso ser, lleno de múltiples poderes así como lo tiene el divino creador.

El espíritu santo no es más que la misma vida del creador, es el espíritu que vibra en cada ser viviente, no importa donde se encuentre.

Son muchos los que nos encontramos en el camino que conduce a ese divino y glorioso Dios, creador de todo lo que existe, pero poco son los que comprenden las profundidades de sus sabidurías.

El valle divino está lleno de diferentes conocimientos, técnicas, sabidurías, movimientos, creencias y muchos misterios.

Todo esto nos conduce a detenernos y a pensar que no podemos limitarnos en nuestro avance hacia un nuevo conocimiento, hacia una nueva brecha espiritual que nos lleve a comprender otra sabiduría que ayude a elevar nuestro grado de conciencia.

Estamos hablando de esta manera, porque hemos sido lamentablemente programados por algunas tendencias espirituales, con ciertos conocimientos que para ellos tienen que ser eternos y para siempre, de no ser como ellos así lo enseñan, todos estamos condenados y extraviados del verdadero camino divino.

Es necesario indagar sobre lo que es el espíritu viviente de Dios, a ese que todos conocen como el espíritu santo.

Por este medio queremos profundizar sobre este tema, lo cual podemos aportar una brecha a su entendimiento divino.

Una vez más queremos decirle a todo aquel que crea que el espíritu santo es un ser supuestamente poderoso, que eso no es así.

Cada uno de nosotros tenemos un espíritu de vida, que es el mismo que se encuentra en donde quiera que haya un ser viviente, en cualquier planta, sistemas solares, constelaciones, galaxias y otros movimientos que se encuentran en la Creación; este es el espíritu viviente de Dios, a ese que equivocadamente muchas tendencias espirituales le denominan el espíritu santo, que supuestamente está lleno de poderes y mandatos divinos.

Es de mayor importancia comprender que Dios se encuentra como espíritu donde quiera que se encuentre un movimiento, no importa que haya un espacio vacío siempre y cuando se respire el aliento de Dios diluido en espíritu, el santo es una denominación humana, terrenal, de creencias erróneas.

En esta brecha del conocimiento divino podemos también irnos más allá de lo que podemos comprender como seres humanos que somos, podemos explicar donde se encuentra ese espíritu viviente de Dios; este está diluido en el viento como elementales del aire, aportando así la vida a través del oxígeno para darle fuerza a nuestro espíritu interno, a nuestro cuerpo, Dios es más que lo que creemos.

Al escribir este tema queremos llevar un mensaje muy claro sobre la relación que existe en el ser humano con lo que es la naturaleza y la influencia cósmica; es importante informarles a cada uno de los que lean este capítulo, que esta influencia está conectada con todos los cuerpos que posea la vida y que pertenezcan a un reino de la naturaleza.

Quien puede decir que en todo lo mencionado, no se encuentra ese espíritu viviente que palpita dándole la vida a todo lo que existe, no importa dónde ni en qué punto de la Creación este o se encuentre.

No podemos dejar de hablar de esa gran influencia que existe en el mundo animal, donde se encuentran los pájaros, los reptiles, todos ellos de una forma u otra predicen los eventos venideros, sean estos de lluvias, temblores de tierra y otros que se encuentran relacionados con la naturaleza, con el cosmos y con nosotros los seres humanos; en esos mundos también se encuentra ese espíritu viviente de Dios que equivocadamente desde nuestra niñez nos han enseñando que es el espíritu santo.

Dios no es algo limitante, es algo que jamás nosotros como seres humanos vamos ni podemos entender, las profundidades de su sabiduría trascienden las diferentes dimensiones superiores, es algo mas allá de nuestro entendimiento humano.

Podemos hablar de este espíritu viviente de otra manera o forma muy diferente a como la humanidad lo conoce.

Para el mundo espiritual sencillo el hablar de las profundidades de Dios a nivel cósmico, es algo muy cuesta arriba para su entendimiento humano, ya que estos son palabras muy mayores para ellos.

Dentro de lo que se llama las misiones de los dioses se encuentra a un nivel superior el espíritu viviente de Dios, este nivel es algo majestuoso, ya que estamos hablando de algo muy superior dentro de esas profundidades.

En esas dimensiones superiores ese es el verdadero nombre del tan llamado espíritu santo (Espíritu Viviente de Dios).

Cuando los grandes dioses creadores de algunas partes del cosmos se dedican a formar una galaxia comienzan a poner en actividad las cuatro fuerzas de la Creación, siendo una de esta, el espíritu viviente de Dios; esta es la que le va a dar la vida a todos aquellos seres vivos que se vayan a encontrar en esta galaxia, sin este espíritu no puede haber formación de ningún cuerpo dentro de la Creación.

Estamos hablando de aquellos movimientos cósmicos que hasta ahora todo aquel que se encuentre dentro del camino espiritual sencillo, por ahora no lo podrá comprender.

Las mayorías de las tendencias espirituales, solo conocen lo que desde pequeño se le ha enseñado, que el cielo es azul, que el infierno existe, que nos vamos a condenar, que Dios castiga, que Dios lo quiso así, entre tantas cosas más, como Dios está allá arriba; cuando él se encuentra en toda las partes de la Creación.

Entonces, podemos comprender que existen grandes profundidades de la sabiduría de Dios, de esa longitud del conocimiento de ese gran creador de todo lo que existe.

Estamos bien claro que para poder comprender estas profundidades de estas maneras, se necesita estar abierto a una comprensión superior humana, y por otro lado romper la barrera de las creencias que tanto atrasan al ser humano en su avance espiritual.

No pretendemos que sin haber estudiado estas sabidurías, tengan que comprender estas profundidades cósmicas del creador.

Tenemos que convertirnos en verdaderos investigadores de los conocimientos de Dios es muy amplio. Esto es algo así como romper la barrera del tiempo y el espacio, cayendo a vivir otra realidad ya muy superior a la que estamos acostumbrados a vivir.

Una vez comprendido todo esto podemos darnos cuenta que lo que nos han enseñando ha sido puras mentiras sobre lo que es Dios y todas sus partes.

La humanidad no sabe que todos nosotros estamos viviendo dentro del inmenso cuerpo de Dios, y que las estrellas que observamos en la noche no son más que todos los puntos luminosos de ese inmenso cuerpo; El cosmos.

Los Turistas Espirituales

Todo aquel que de una manera u otra llegan a creer que el que está en el camino de la búsqueda espiritual no necesita de un guía que lo encamine a conocer los niveles más altos de la conciencia humana, está completamente equivocado. Para llegar a obtener conocimiento y sabiduría debe de trabajar muy profundamente con todas sus manifestaciones egoicas negativas.

Jamás podemos llegar a ser grandes sabios sino aceptamos con humildad personas iluminadas, llenas de facultades que puedan ayudarnos a eliminar los fracasos y barrer de nuestro interior aquellas falacias de que no necesitamos guías para poder avanzar en el camino de la espiritualidad superior.

Todo aquel que diga que no necesita de nadie para llegar a calar peldaños conscientivos, es el primero que tiene que aceptar que en su interior lo que hay es puro ego de superioridad, es uno de sus obstáculos principales en el camino hacia la unión con su Real Ser.

Si todos les damos aceptación a este ego de superioridad de que no necesitamos de los guías entonces cabe hacer una pregunta, ¿de dónde nace la sabiduría que existe en el camino sino es de los guías o de un maestro de la luz?

Aquel que no acepta a un guía no será posible su iluminación interna en esta existencia, ya que ni siquiera posee en su interior el nivel de comprensión de lo que es este camino de la alta espiritualidad superior.

Por obligación tenemos que hacer una comparativa un poco elemental, es un poco infantil el que un ser humano no acepte a un guía, cuando hasta las hormigas los tienen. Podemos pensar, aunque sea un poco ilógico, que este insecto "las hormigas" en su nivel elemental, sea más inteligente que aquel ser humano que con su inteligencia humana no acepte ser guiado por aquel que con su conexión divina trae su sabiduría y conocimiento altamente luminoso.

Si no existieran los guías tampoco mucho menos las diferentes jerarquías con altos niveles de conciencia que nos guíen aquí y en los múltiples sueños que de una manera u otra a veces recordamos. Tampoco existiera la palabra guía, porque de donde la sacaríamos.

Tenemos que decir que aquellas personas que piensan que no necesitan guía, es porque lo que tienen en su interior es una inmensa laguna espiritual donde se conjugan los múltiples egos con aquellos diversos conocimientos, que de una manera quizás muy espontánea, han recibido.

En el camino de la iluminación superior son muy pocos los que llegan a elevarse espiritualmente, debido a que tienen que hacer un trabajo en contra de sí mismo y a la vez por la humanidad es una guerra en contra de todos sus defectos, que no es más que su propia energía negativa que se encuentra en su interior y que viene, sin temor a equivocarnos, de otras existencias.

También debemos decir que a la misma vez debe de estar muy preparado para poder enfrentar las múltiples inconsciencias de la humanidad, ya que estas puedan venir hasta de sus propios seres queridos, entonces de donde pueden venir los diferentes consejos que lleven sabiduría a la conciencia de ese caminante aspirante a la luz, sino es de un guía, de una conciencia superior, de un iluminado.

Es tanto que hay que explicar sobre la importancia de lo que es un guía, que llenaríamos una biblioteca. Existe las diferentes esferas luminosas esas son las múltiples integración de las diferentes niveles de conciencia en nuestro interior, es aquella parte muy desconocida dentro de nosotros que es iluminada por la integración de lo que ya hemos hablado, la conciencia.

En muchos párrafos de los diferentes libros de quien les habla hacemos mención de lo desconocido, este no es más que la construcción de estas esferas luminosas que van a llenar de sabiduría los espacios vacios de nuestro interior profundo.

¿Cree usted que este trabajo o que este estado de conciencias se logra sin haber un guía? Eso solo lo piensan aquellos que con su arrogancia egoica no dejan que su avance se manifieste a través de la aceptación de un guía.

Son muchos los ignorantes que por orgullo no avanzan ni dejan que otros lo hagan. No podemos olvidar que el mismo Jesús el Cristo fue guiado.

Ese grandioso ser aplicó toda la humildad por el bien de la humanidad, entonces, ¿quiénes somos nosotros para no aceptar ser guiado?

La humanidad está llena de arrogancia y de ingratitud, está completamente dormida. Cuesta mucho despertar a esta humanidad que está llena de incertidumbre y malas informaciones que desde su niñez vienen cargando.

Es un poco erróneo el pensar que no podemos ser guiados por persona sabia, llena de sabiduría que nos encamine por senderos luminosos, es ilógico que uno mismo sea discípulo, guía y jerarquías, a través de los tiempos y de las épocas esto nunca se ha visto; entonces mis queridos lectores nunca piensen de esa manera, todos necesitamos de un guía que nos encamine a descubrir los grandes misterios que rodean nuestro andar en las profundidades de la sabiduría divina.

Quien le habla ha tenido muchos discípulos que han avanzado de acuerdo a su trabajo psicológico y egoico, que de hecho han realizado en contra de sí mismos, pero en muchas ocasiones hemos lamentado al ver otros irse por el abismo egoico negativo, embargado por la prepotencia del sabelotodo, este ego es el responsable del descarrilamiento de muchos, que en un tiempo se encontraban en el verdadero camino de la conciencia superior, en este sendero se trabaja con la humildad y la obediencia ante todo.

Todo aquel que caiga en el mundo de la ignorancia creyendo que sin tener un guía en el camino de la iluminación va a llegar a iluminar su interior, está completamente equivocado.

Debemos hacer un gran esfuerzo en barrer, con toda firmeza, todos esos horribles defectos que por muchas existencias hemos venido arrastrando y que con mucha fuerza se encuentran arraigados en nuestro interior; estos defectos son los que hacen que todas estas personas se atrasen en el camino de la Evolución.

Estos caminantes espirituales se encuentran completamente distorsionados por aquellos defectos llamados orgullo, prepotencia y la arrogancia. El mundo de la creencia es algo que es muy amplio debido a que es fácil creer y no investigar.

En este mundo no se camina espiritualmente, simplemente se cree por fe, se leen historias y se nutren de eventos que ya han pasado y que nada aportan en el camino directo hacia Dios. Ahí es donde deben de estar estas personas que carecen de la lógica superior y que todavía ignoran lo que es el camino de la Evolución y la iluminación interna.

Jesús el Cristo, ante todos, era un maestro que muy claro lo dijo; yo soy el camino, la verdad y la vida, para llegar al padre tiene que seguirme a mí, y quien era él, él era el maestro, todos sus discípulos lo seguían con gran respeto y obediencia.

Todos los discípulos en estos momentos son grandes jerarquías divinas, que desde lo alto están ayudando de una manera u otra a la humanidad, pero ¿a quién siguieron? Siguieron a un maestro.

Queremos aclarar que un maestro en aquella época y ahora es la misma cosa. Conocemos maestros que han hecho lo mismos que Jesús hizo en aquel tiempo, la ascensión es la misma aquí, ahora y después, es un nivel que todos los maestros tienen que alcanzar para poder ascender, Jesús lo logro, también Saint Germain entre otros maestros. Esto es un ejemplo para aquellos turistas espirituales que creen que sentados en un cómodo sillón sin seguir a nadie van a llegar hacer grandes iluminados.

Ese calificativo de turistas espirituales, también podemos dárselo a aquellos dirigentes que con mucha inteligencia pueden dirigir su grupo. ¿Por qué turistas espirituales? Porque también ellos andan en busca de diversos conocimientos para poder mantener el lugar donde se reúnen. Un guía es muy diferente, este posee una unión constante con las jerarquías divinas, es una emanación propia de su maestro interno; su sabiduría es inagotable, no necesita de un libreto para expresar sus enseñanzas, sus facultades son ilimitadas, con ellas guía a todos sus discípulos, es un faro de luz que le va alumbrando el camino a todo aquel que lo siga.

El sendero es pedregoso, pero hay que trillarlo, no podemos seguir siendo manipulados por esos horribles monstruos oscuros que cada uno de nosotros llevamos anclados en nuestra profundidad interna, estos solo saben hacerle la existencia amarga a todo aquel que de una manera u otra buscan el verdadero camino de regreso a casa.

Conclusión

Hemos escrito esta obra como motivo de una aportación para que la humanidad haga un cambio en su personalidad, ya que la sociedad se encuentra altamente confundida sobre lo que es el bien y el mal.

El surgimiento de esta obra nace del incremento de los múltiples comportamientos negativos que a diario tenemos los seres humanos.

También está dedicada a aquellos depredadores sexuales que buscan dañar la vida de aquellos angelitos inocentes, estos son: los niños y niñas.

Por otro lado es necesario lanzarnos a descifrar los misterios que encierra el camino que conduce a descubrir quién es ese grandioso ser del que tanto se habla y que en realidad existe.

En esta obra podemos darnos cuenta que existen herramientas las cuales podemos utilizar para convertirnos en personas cultas, sencillas y agradables ante la sociedad actual.

Debemos profundizar un poco más sobre lo que es nuestro interior para poder conocernos, saber cuál es la herramienta que necesitamos y poder hacer un cambio radical en nosotros.

El Autor

www.ingramcontent.com/pod-product-compliance
Lightning Source LLC
Chambersburg PA
CBHW051830090426
42736CB00011B/1726